Gabin Mbaindolébé

Analyse du cadre institutionnel et normatif des EIES au Tchad

Gabin Mbaindolébé

Analyse du cadre institutionnel et normatif des EIES au Tchad

Éditions universitaires européennes

Impressum / Mentions légales
Bibliografische Information der Deutschen Nationalbibliothek: Die Deutsche Nationalbibliothek verzeichnet diese Publikation in der Deutschen Nationalbibliografie; detaillierte bibliografische Daten sind im Internet über http://dnb.d-nb.de abrufbar.
Alle in diesem Buch genannten Marken und Produktnamen unterliegen warenzeichen-, marken- oder patentrechtlichem Schutz bzw. sind Warenzeichen oder eingetragene Warenzeichen der jeweiligen Inhaber. Die Wiedergabe von Marken, Produktnamen, Gebrauchsnamen, Handelsnamen, Warenbezeichnungen u.s.w. in diesem Werk berechtigt auch ohne besondere Kennzeichnung nicht zu der Annahme, dass solche Namen im Sinne der Warenzeichen- und Markenschutzgesetzgebung als frei zu betrachten wären und daher von jedermann benutzt werden dürften.

Information bibliographique publiée par la Deutsche Nationalbibliothek: La Deutsche Nationalbibliothek inscrit cette publication à la Deutsche Nationalbibliografie; des données bibliographiques détaillées sont disponibles sur internet à l'adresse http://dnb.d-nb.de.
Toutes marques et noms de produits mentionnés dans ce livre demeurent sous la protection des marques, des marques déposées et des brevets, et sont des marques ou des marques déposées de leurs détenteurs respectifs. L'utilisation des marques, noms de produits, noms communs, noms commerciaux, descriptions de produits, etc, même sans qu'ils soient mentionnés de façon particulière dans ce livre ne signifie en aucune façon que ces noms peuvent être utilisés sans restriction à l'égard de la législation pour la protection des marques et des marques déposées et pourraient donc être utilisés par quiconque.

Coverbild / Photo de couverture: www.ingimage.com

Verlag / Editeur:
Éditions universitaires européennes
ist ein Imprint der / est une marque déposée de
OmniScriptum GmbH & Co. KG
Heinrich-Böcking-Str. 6-8, 66121 Saarbrücken, Deutschland / Allemagne
Email: info@editions-ue.com

Herstellung: siehe letzte Seite /
Impression: voir la dernière page
ISBN: 978-3-8416-6499-0

DEDICACE

Je dédie ce travail à mon Cher oncle feu NGRABELEM MORROM Ezéchiel ;

A ma chère fille DEREMADJI NERAMBAYE Hillary, née pendant mon absence.

REMERCIEMENT

Je tiens à exprimer ma reconnaissance à toutes les personnes qui ont apporté leurs concours à l'élaboration de ce mémoire, particulièrement :

L'Université Senghor d'Alexandrie pour l'opportunité qu'elle m'a offerte en m'ouvrant ses portes facilitant ainsi cette formation et la réalisation de ce travail

Le Dr Martin YELKOUNI, Directeur du Département Environnement pour sa disponibilité, ses conseils avisés dans le sens de la précision dans le cheminement scientifique et son sourire de tous les instants ;

Mme Catherine Edward GURGUENIAN, Secrétaire exécutive du Département Environnement de l'université Senghor ;

Le Pr Samuel YONKEU, Directeur de l'institut supérieur de l'informatique et de Gestion(ISIG) de Ouagadougou pour son sens d'orientation dans la rédaction de ce travail ;

Le Dr Flavien TCHAPGA, Professeur Associe à l'Université Senghor, pour son apport et ses conseils ;

Mme DJERANG Saglar, Directrice Générale de l'environnement du Ministère de l'Environnement et des Ressources Halieutiques et toute son équipe, pour m'avoir accepté et accompagné durant toute ma période de stage ;

Ma famille et notamment mon père LAOMAYE Jean Claude et ma mère MORROM Julia ; ma femme DANDE Angèle et ma fille DJENONKAR Perlita pour leur soutien et la patience témoigné à mon égard;

Mr BERABAYE Freddy, DJATELBEYE Nasson et tout le personnel de la Direction des Evaluations Environnementales et de la Lutte Contre les Pollutions et les Nuisances pour disponibilité et leur collaboration ;

Mes amis EYABILA Christ-Willy Alphred, DOUMDE MBAIGANE Georges, DJERASSEM MBAIBAREM Alexis et HOUEHOUNHA Dodé Heim Myline pour leur sincérité et leur accompagnement durant le séjour à Alexandrie. Qu'ils trouvent ici, l'expression de ma parfaite reconnaissance ;

Et aux étudiants de la 14e promotion, le corps enseignant et les professionnels de l'Université Senghor pour avoir animé cette année.

RESUME

Face à la dégradation de l'environnement avec ses effets néfastes sur l'homme et les autres êtres vivants, une prise de conscience mondiale a émergé. Divers outils et mécanismes ont été développés mais le plus populaire et le plus connu reste « les études d'impact environnemental et social ».

Le Tchad, pays enclavé d'Afrique centrale, dans son développement qui s'accompagne par l'exploitation et la gestion de son potentiel en ressources naturelles, a intégré cet outil dans son cadre institutionnel et normatif.

L'étude d'impact environnemental et social d'un projet permet la caractérisation du milieu naturel et humain dans lequel il s'insère. Elle analyse les différentes variantes du projet, favorise l'identification et la qualification de ses impacts positifs et négatifs. Elle définit, enfin, les mesures d'atténuation et de suppression de ces impacts afin de les rendre respectueux de l'environnement. Cet instrument lui a permis de mieux assurer la protection de son environnement et de s'inscrire dans un processus de développement durable.

Toutefois, la mise en œuvre de ce mécanisme au Tchad fait face à des controverses liées d'une part aux normes qui doivent l'organiser, notamment, la non prise en compte du volet social (compensation ou de réinstallation), la non prise en compte des PGES, la faiblesse des dispositions de répression, le manque de définition des profils des professionnels (capacités humaines et techniques des bureaux d'études) et d'autre part aux institutions elles même du fait des conflits de compétence, des insuffisance de personnels qualifiés en EIES et du manque de suivi des rapports d'EIES dans la mise en œuvre.

La prise en compte de nos propositions issues de cette réflexion, permettra de les corriger et de les améliorer pour une meilleure acceptabilité de toutes les couches de la société.

Mots-clefs: cadre, institutionnel, normatif, études d'impact environnemental et social, Tchad.

ABSTRACT

Faced to the deterioration of the environment with its harmful effects on human's beings and other living organisms, a global awareness has emerged. Various tools and mechanisms have been developed but the most popular and best known remains "the assessment of environmental and social impact."

Chad, a landlocked country in central Africa, within its development, which is accompanied by the operation and management of its natural resource potential, has integrated this tool in its institutional and normative framework.

Environmental and social impact assessment of a project allows the characterization of the natural and human environment in which it is inserted. It analyzes the different variants of the project, promotes the identification and qualification of its positive and negative impacts. It defines finally, mitigation and suppression measures of impacts to make them environmentally friendly. This instrument allowed it to better ensure its environmental protection and to be enrolled in a process of sustainable development.

However, the implementation of this mechanism in Chad faced controversies related firstly to the standards that must be organized, including not taking into account the social component (compensation or resettlement), not taking into account of the Environmental and Social Management Plan (ESMP), weak of enforcement provisions, lack of definition of the profiles of professionals (human and technical capacity consulting firms) and secondly the institutions they even because of conflicts of competence, lack of personal qualified in ESIA and lack of monitoring of ESIA reports in the implementation.

The inclusion of our proposals from this reflection will correct and improve them for better acceptability of all strata of society.

Key-words: institutional, regulatory, environmental and social impact assessment, Chad.

LISTE DES ABREVIATIONS

AME : Accords Multilatéraux de l'Environnement

ATPDH : Association Tchadienne Pour la Défense des Droits de l'homme

BNEE : Bureau National des Evaluations Environnementales

CACETALDE : Comité Ad Hoc Chargé d'Elaborer les Textes d'Application des Lois et Décrets sur l'Environnement

CEEAC : Communauté Economique des Etats de l'Afrique Centrale

CEF : Centre d'Expertise et de Formation

CEI: Caracal Energy Inc.

CESR : Cellule Environnement et Sécurité Routière

CFC : Chlorofluorocarbones

CNPCIC: China National Petroleum Corporation International Chad

CNAR : Centre National d'appuis à la Recherche

CPPL : Commission Permanente Pétrole Local du Logone

CTNSC : Comité Technique National chargé de l'élaboration du Suivi et du Contrôle de l'exécution du plan de gestion de l'environnement des projets pétroliers

DEELCPN : Direction des Evaluations Environnementales et de la Lutte Contre les Pollutions et les Nuisances

DGE : Direction Générale de l'Environnement

DGGE : Direction Générale de la Gestion de l'Environnement

DREM : Direction des Ressources en Eau et de la Météorologie

EIA : Environnemental Impact Assessment

EIE : L'Etude d'Impact sur l'Environnement

EIES : Etudes d'Impact Environnemental et Social

FAO : Food and Agriculture Organization (Organisation des Nations Unies pour l'Alimentation et l'Agriculture)

FIT: Front Inter Tropical

GFDLCM21: Geophysical Fluid Dynamis Laboratory Climate Model 21

GIEC : Groupe d'experts Intergouvernemental sur l'Evolution du Climat

GRAMP/TC : Groupe de Recherche Alternatives et de Monitoring du Projet Pétrole Tchad-Cameroun

HCFC : Hydrochlorofluorocarbones

HCNE : Haut Comité National pour l'Environnement

MEERH: Ministère de l'Environnement, de l'Eau et des Ressources Halieutiques

MERH : Ministère de l'Environnement et des Ressources Halieutiques

MTE : Ministère du Tourisme et des Eaux

OD : Operational Directive

ONDR : Office Nationale de Développement Rural

ONG : Organisations Non Gouvernementales

ONUDI : Organisation Des Nations Unies pour le Développement Industriel

OSC : Organisation de la Société Civile

PGES : Plans de Gestion Environnementale et Social

PM : Premier Ministre

PNUE : Programme des Nations Unies pour l'Environnement

PNUD : Programme des Nations Unies pour le Développement

PR : Présidence de la République

PUF : Presse Universitaire Francophone

RCA : République Centrafricaine

SWOT: Strengths (forces), Weaknesses (faiblesses), Opportunities (opportunités), Threats (menaces)

TDR : Termes De Références

UHCL: United Hydrocarbon Chad Limited

TABLE DES MATIERES

LISTE DES FIGURES

LISTE DES CARTES

LISTE DES TABLEAUX

INTRODUCTION

L'Etude d'Impact sur l'Environnement (EIE) constitue une stratégie, un instrument de prévention dans le cadre d'une politique de protection de l'environnement qui comprend généralement trois volets qui sont la surveillance et le suivi de l'état de l'environnement ; la réparation des dégâts déjà causés par l'homme (volet curatif) et la prévention de futurs dégâts (volet préventif) (Yassir 2012). Elle est « une procédure qui permet d'examiner les conséquences, tant bénéfiques que néfastes, qu'un projet ou programme de développement envisagé aura sur l'environnement et de s'assurer que ces conséquences sont dument prise en compte dans la conception du projet » (André et al. 2003). Progressivement, les Etats intégrèrent dans leur législation nationale cette notion pour sa mise en œuvre afin de protéger l'environnement et permettre un développement durable.

Le Tchad, pays d'Afrique centrale, a adopté ce principe au début des années 1990 en prémices aux explorations pétrolières car elle a longtemps été ignorée lors de l'installation de certaines industries et établissements sans prise en compte des conséquences que celles-ci pouvaient avoir sur la population, et sur l'environnement. Ce sont les pollutions des cours d'eaux, de l'atmosphère et des nuisances sonores. En effet, elle a été imposée par la Banque Mondiale comme un préalable au financement du projet pétrolier de Komé au sud du pays. L'étude d'impact sur l'environnement ne trouve aucune définition consacrée dans les instruments juridiques internationaux. Une étude d'impact sur l'environnement est une étude préalable à la mise en œuvre de programmes ou de plans et à la réalisation d'équipements, qui permet d'estimer leurs effets probables sur l'environnement. Elle relève de la responsabilité du maître d'ouvrage. L'étude d'impact sur l'environnement permet notamment de justifier le parti retenu et de préciser les mesures envisagées tendant à supprimer, réduire ou compenser les dommages éventuels liés à un projet.

Ainsi, le Tchad a mis en place un certain nombre de dispositions lui permettant de protéger efficacement son environnement et sa population. C'est ainsi que les premiers cadres pour la protection de l'environnement ont vu le jour. La Loi 014/PR/98 du 17 aout 1998 Définissant les Principes Généraux pour la Protection de l'Environnement relève en son Article 81 que « l'EIE, conçue et préparée selon une méthode scientifique, identifie, décrit et évalue de manière appropriée en fonction de chaque cas particulier et conformément aux conditions établies par la présente loi et ses textes d'applications les effets directs et indirects d'un projet sur l'homme, la faune et la flore, le sol, le sous-sol, l'air, le climat et le paysage etc. ». Ce texte délimite clairement le cadre national pour la protection de l'environnement. Ce cadre comprend les textes de lois et règlements liés à l'EIE, les institutions administratives d'État et

1

établissements publics responsables de l'EIE qui constituent la structure ou la base de la pratique car ils constituent le cadre au sens strict. Il englobe aussi les associations de professionnels et spécialistes en évaluation environnementale et les Organisations Non Gouvernementales (ONG) locales en environnement qui sont les réservoirs des compétences humaines et de sensibilisation.

Le cadre institutionnel et normatif des études d'impact environnemental au Tchad est à ses débuts et son apport est difficilement perceptible. Il présente quelques lacunes par son élaboration, qui ne prend pas en compte tous les axes d'une EIES comme dans la plupart des autres Etats notamment au Canada, son interprétation et sa mise en application.

Au Tchad et dans la plupart des Etats pauvres ou en voie de développement, les Etudes d'Impact Environnemental et Social ne sont faites que pour respecter les cahiers de charge des institutions de financement afin d'obtenir leur accord et non pour prendre en compte les préoccupations de la population cible. Cela ressort lors de l'enquête sur le rapport d'étude d'impact environnemental du projet pétrolier Tchad-Cameroun. Elle a révélé que « Lors de leurs entretiens avec les populations affectées au Tchad et au Cameroun, les ONG ont pris conscience que le processus de consultation n'était pas crédible. De nombreuses personnes se plaignent des taux d'indemnisation inadéquats et il y a des preuves persistantes d'intimidation par les autorités locales et les forces de police » (ATPDH[1]. 1999). Plusieurs autres situations, justifient cette situation[2].de la conformité des pratiques des études d'impact environnemental et social au Tchad conformément aux textes en vigueur.

Cela nous amène à nous poser la question de de savoir si le cadre institutionnel et normatif des études d'impact environnemental et social du Tchad est-il efficace ?

Pour cette réflexion, notre objectif central sera de contribuer à l'amélioration du cadre institutionnel et normatif des études d'impact environnemental et social au Tchad.

---

[1] L'Association Tchadienne Pour la Défense de Droit de l'homme, (ATPDH) a été créé en1992.Il travaille à promouvoir les droits civils et politiques au niveau national (par la diffusion d'informations, campagnes, lobbying, les procédures judiciaires, etc.) ainsi qu'aux niveaux régional et local(en menant des campagnes de sensibilisation aux droits humains, et de traiter les cas individuels de violations des droits de l'homme). Le groupe participe activement à la recherche de solutions à la crise politico-militaire, et est un membre actif du Comité de Suivi de l'Appel la Paix et à la Réconciliation (CSAPR).

[2] Les ex-travailleurs de la société pétrolière Tchad Cameroun Constructor (TCC), ont été arrêté par les éléments du Groupement Mobile d'Intervention Rapide de la Police (GMIP) et gardes à vue le 10 octobre 2011 suite à la revendication de leurs indemnités impayées. (journaldutchad.com/article.php?aid=1914)

Plus spécifiquement, il s'agira de faire un état de lieu du cadre institutionnel et normatif des études d'impact environnemental et social au Tchad ; d'en évaluer ses forces et faiblesses et d'en proposer des mesures pour l'améliorer.

Pour cette présente étude, nous examinerons premièrement le contexte des études d'impact environnemental au Tchad (I) avant de faire le diagnostic de son cadre légal (II) puis traiter la méthodologie de la collecte des données suivi des résultats de nos analyses(III) et enfin, nous présenterons les opportunités d'amélioration de ce cadre institutionnel et normatif des études d'impact environnemental (IV).

I. LE CONTEXTE DES ETUDES D'IMPACT ENVIRONNEMENTAL ET SOCIAL AU TCHAD

Une étude d'impact est une étude technique qui vise à apprécier les conséquences de toutes natures, notamment environnementales d'un projet pour tenter d'en limiter, atténuer ou compenser les impacts négatifs. Afin de mieux appréhender l'influence de cette pratique au Tchad, il serait nécessaire de faire une brève présentation des éléments du milieu de l'étude avant de nous appesantir sur le sujet de notre recherche.

1.1. Une brève présentation du champ de l'étude

Il sera question dans cette partie du travail de présenter le contexte de l'étude, nécessaire à la compréhension des résultats. Il s'agit d'un aperçu sur la situation géographique et socio-économique, de l'organisation administrative et de la présentation physique du Tchad.

1.1.1. La situation géographique et socio-économique du Tchad

Pays d'Afrique centrale situé entre les 7e et 24e degrés de latitude Nord, et les 13e et 24e degrés de longitude Est, le Tchad, berceau de l'humanité, s'étend sur un territoire vaste d'une superficie de 1.284.000 km2. Vingtième pays au monde par sa superficie, le Tchad est le quatrième pays le plus grand d'Afrique après, l'Algérie, la République Démocratique du Congo et la Libye. Ce pays se caractérise par son immensité (2 fois plus grand que la France) mais aussi par son enclavement et son éloignement de la mer car Il est situé à 1700 km du Port de Douala (Cameroun) et 2 400 km de Port Soudan (Soudan) sur la mer rouge. (PAN/LCD-TCHAD, 2000)°

Les pays frontaliers du Tchad sont le Soudan à l'Est, la République Centrafricaine et le Cameroun du Sud, le Nigeria à l'Ouest, le Niger au Nord –Ouest et la Libye au Nord. Le Tchad dispose d'un fort potentiel agropastoral: 39 millions d'hectares cultivables (soit 30% du territoire national, 1.284.000 km2); 5,6 millions d'hectares irrigables dont 330.000 hectares situés à proximité des cours d'eau, selon le Livre blanc. Le Tchad possède également un cheptel estimé, en 2011, à environ 19 millions de têtes de bétail (ovins, caprins, camelins, etc.) avec un rendement annuel de 117 milliards. (Afriquinfos, 2012) En plus, le Tchad dispose d'inestimables ressources minières (or, bauxite, etc.) et pétrolières. Depuis 2003, il est entré dans le cercle des pays exportateurs de pétrole (Ismaël Mahamat Adoum, 2012[3]).

---

[3]Ismaël Mahamat Adoum est PDG de la Cotontchad SN et président du Conseil National du Patronat Tchadien (CNPT).

Carte 1 carte des ressources naturelles et économiques du Tchad

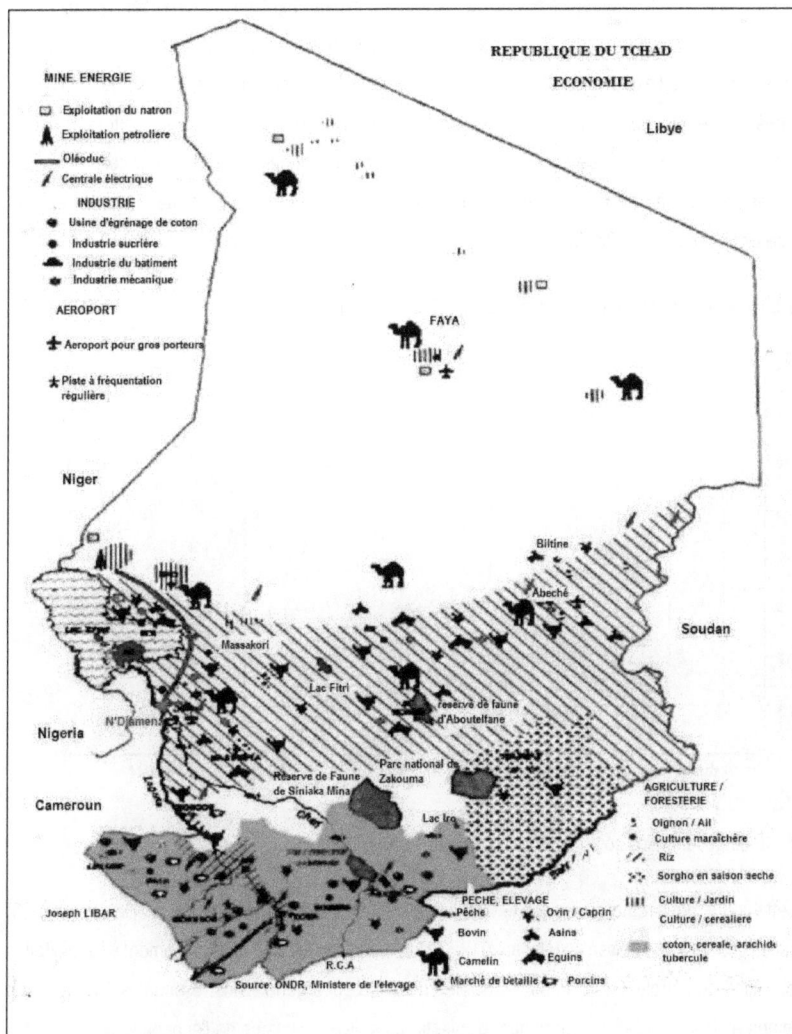

Source: CNAR[4], ONDR[5], Ministère de l'élevage, 2012

---

[4] Le CNAR est le Centre national d'Appuis à la Recherche (CNAR), est un centre de recherche public, Établissement public à caractère administratif rattaché au Ministère tchadien en charge de l'Enseignement supérieur, de la Recherche scientifique et technique
[5]ONDR c'est l'Office Nationale de Développement Rural, un Établissement public à caractère administratif rattaché au Ministère tchadien en charge de l'agriculture.

Le Tchad dispose des potentialités pour son développement économique mais il se heurte à un certain nombre de problèmes. Il s'agit entre autres du manque de façade maritime, de l'avancée du désert, de l'insuffisance d'infrastructures socio-économiques et sanitaires adéquates, de la détérioration des termes d'échanges, etc. Mais l'exploitation du pétrole ouvre de nouvelles perspectives à l'économie tchadienne restée très longtemps moribonde (Assemal, 2003). Les exportations de l'« or noir » ont constitué le principal moteur de la croissance accélérée du PIB, dont le taux est passé de 11.3 pour cent en 2003 à 31 pour cent, en raison de l'accroissement de la production pétrolière depuis la mise en exploitation du bassin de Doba, en juillet 2003. (BAfD/OCDE 2006)

Figure 1 Taux de croissance du PIB par habitant (2006 -2014)

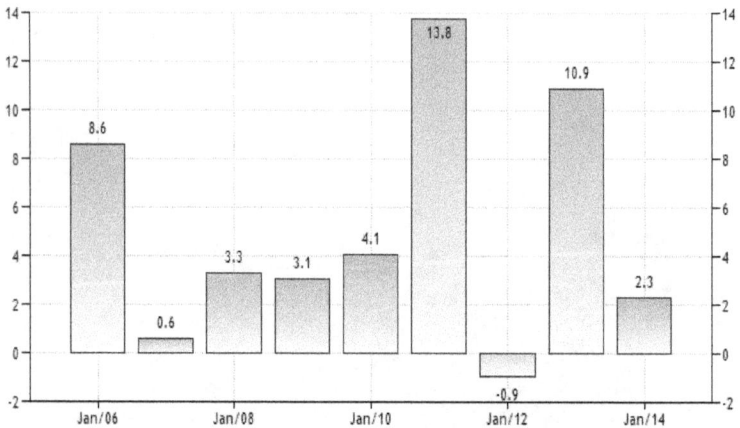

Source : tradingeconomics.com (2015)

Dans cette figure, nous remarquons que le taux de croissance a augmenté après deux milles trois (2003) même si on constate une baisse en janvier 2012. Cette croissance est due essentiellement à l'exploitation et l'exportation du pétrole des champs pétrolifères de Doba qui a généré des ressources économiques importantes à l'Etat tchadien lui permettant d'investir dans divers secteurs de l'économie notamment le secteur routier, immobilier et industriel avec ses conséquences sur l'environnement.

1.1.2. L'organisation administrative du Tchad

Indépendant depuis le 11 août 1960, le Tchad est une République qui est organisée sur le plan administrative par une forme de décentralisation. Le découpage Administratif est prévu dans la constitution de la république du Tchad de 1996, au titre 11, qui définit à 4 niveaux des collectivités territoriales décentralisées. Devant la multiplicité croissante des tâches à accomplir et de besoins à satisfaire par le pouvoir central pour la population, l'Etat s'est vu obligé de se décharger d'une partie plus ou moins importante de ses compétences administratives au profil des collectivités territoriales (les régions, les départements, ou encore les communes). L'autorité centrale, au lieu d'agir elle- même par ses agents, ne fait que contrôler l'action de ses collectivités territoriales. C'est l'esprit de la loi n°003/PR/2000 du février 2000 portant régime électoral des collectivités locales décentralisées, élément précurseur dans la redéfinition de l'organisation administrative du Tchad. Cette loi a permis de créer des communautés rurales, des communes, des départements, et des régions. Par la suite, elle fut complétée par l'Ordonnance n°01/PR/2003 du 8 septembre 2003 portant création des collectivités territoriales décentralisées, qui a institué en République du Tchad les Collectivités Territoriales Décentralisées.

Cependant, il est, à l'heure actuelle, difficile de disposer d'un chiffre exact en ce qui concerne les découpages territoriaux, du fait de la variabilité du nombre des départements et des communes. Néanmoins, le découpage administratif a évolué depuis les indépendances avec 14 Préfectures pour atteindre à nos jours une subdivision en 23 régions avec le statut particulier de la ville de N'Djaména.

1.1.3. La présentation physique du Tchad

Le pays occupe le bassin du lac Tchad, une vaste cuvette continentale de faible altitude (environ 200 m). Le relief du Tchad est caractérisé par une immensité de terre accidentée d'où se succède une cuvette bordée par deux couronnes de montagnes et de plateau. Dans la partie septentrionale, il y a le massif de Tibesti qui culmine à 3415 m au niveau du massif de l'Emi Koussi, un volcan éteint, au-delà duquel s'étend la bande d'Aozou, à l'est se dresse le massif du Ouaddaï, un ensemble politique où culminent quelques petits monts de **1200 m** à **1300 m**, au centre dans le Guéra, les points culminants sont plus élevés que dans le Ouaddaï. Le Mont de Guéra dans l'Abou Telfane (**1506** m) et le sommet du Guéra (1 800 m). Si le Nord appartient au Sahara, le Centre marque le début de la zone fertile qui se poursuit jusqu'au plateau de l'Oubangui, au sud. La zone la plus basse est occupée par le Lac Tchad, réceptacle final de vastes plaines d'inondation des fleuves Chari et Logone. Ces deux fleuves constituent l'unique réseau fluvial : le Chari, long de 1200 km, coule depuis la Centrafrique et son principal affluent le Logone naît au Cameroun sur 1000 km. Tous deux confluent à l'approche de la capitale. (AMBERT, 2013)

A cause des sècheresses des années 1980, ces fleuves qui étaient en partie navigables quatre mois par an ont perdu une grande partie de leurs eaux et ne le sont plus.

Figure 2 Variation du module du Chari à N'Djaména – Travaux Publique

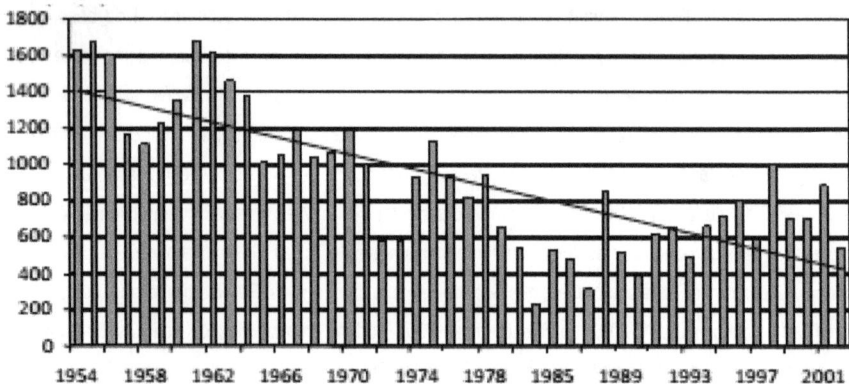

Source : Etude de Coe et Foley et DREM (2004)

A travers cette figure, on remarque une baisse croissante du niveau d'eau du système Chari - Logone rendant quasi impossible la navigation durant une grande partie de l'année. Sauf les petits embarcadères (pirogues) peuvent naviguer dans ce cours d'eau qui autrefois accueillait de grands embarcadères.

Il faut aussi noter que le réseau hydrographique du Tchad est aussi constitué de plusieurs lacs dont principaux sont: le Lac-Tchad dans la région de Bol, le lac Fitri au Batha, le lac Iro dans le Moyen Chari, le lac Léré dans le Mayo Kebbi Ouest, et le lac Tikem dans la Mayo Kebbi Est. (AMBERT K-D., 2013)

Sur le plan bioclimatique, le Tchad est pays dont le climat est subdivisé en trois zones. Ainsi on a :

- La zone Saharienne au Nord qui s'étend sur environ 780.000 Km², c'est la zone désertique avec une faible pluviométrie, moins de 100 mm par an ;
- La zone Sahélienne, au centre et au sud qui couvre environ 374 000 Km² avec une pluviométrie avoisinant 700 mm par an ;
- La zone Soudanienne à l'extrême Sud avec une superficie proche de 130.000 Km² et une pluviométrie annuelle se situant entre 700 et 1200 mm. (DREM 2010)

Figure 3 Précipitations (mm) moyennes 2000-2009

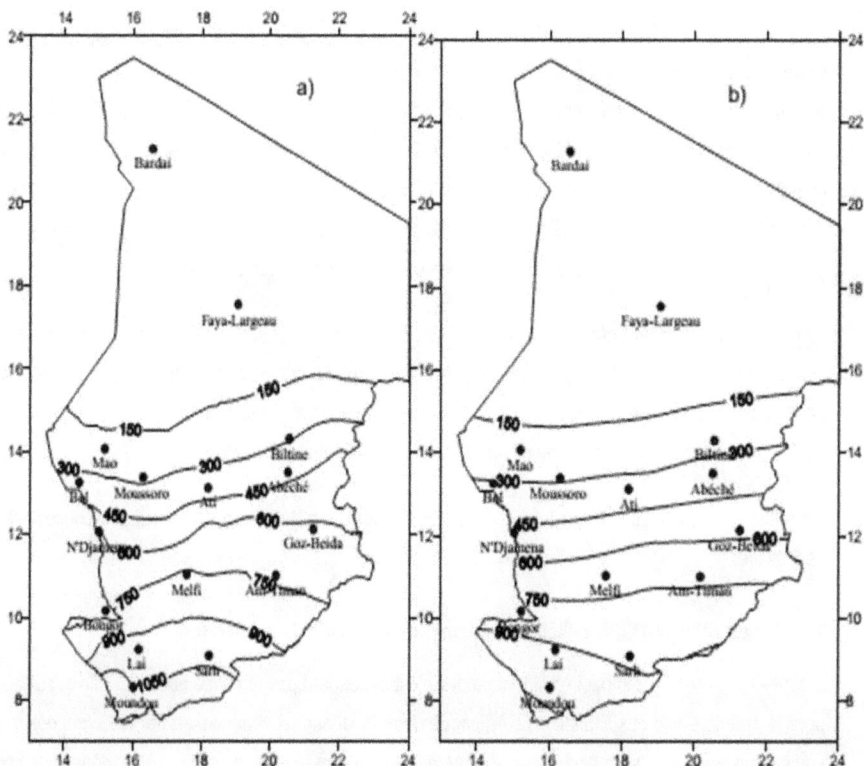

Source : DREM[6] 2010

Légende : (a) Valeurs observées, (b) Valeurs simulées par le groupe de modèles GFDLCM21, MPIEH-5 et UKHAGEM

Sur cette figure qui est obtenue par simulation des moyennes de précipitations de 2000 à 2009 avec le groupe de modèles GFDLCM21 (Geophysical Fluid Dynamis Laboratory Climate Model 21), on remarque une baisse graduelle des précipitations de la partie Nord vers le Sud du pays. Cette baisse s'observe aussi à travers les isoètes du Nord au Sud par rapport à la répartition bioclimatique. (DREM 2010)°

---

[6]La DREM, Direction des Ressources en Eau et de la Météorologie du Ministère de l'Hydraulique Urbaine et Rurale dispose d'une base des données informatisée et à jour sur la météorologie et la climatologie. C'est une structure technique d'exécution de la politique du Gouvernement en matière des ressources en eau de surface et de la météorologie

Cette subdivision bioclimatique caractérise la répartition de la végétation et de l'occupation du sol. On remarque dans la zone Saharienne au Nord un climat saharien désertique aux paysages contrastés, qui représente la moitié de la superficie du pays ; dans la zone Sahélienne, une végétation caractérisée par une steppe épineuse, fortement marqué par une saison sèche plus longue que la saison des pluies et dans la Zone Soudanienne , un climat tropical humide au sud , offrant un paysage de savane arborée et de forêt plus clairsemée à l'approche des villages en raison de la coupe abusive du bois.

La pluviométrie est spécifiquement basée sur le déplacement annuel du Front Inter Tropical (FIT) qui est la limite entre : Le harmattan, un vent continental sec et chaud, qui est porteur de vents en provenance de l'Est et du Nord-Ouest du Sahara et la mousson, équatoriale, humide et fraîche avec des vents du Sud-ouest, qui rythme saison sèche et saison des pluies. (FAUQUET, 2005)

Toutefois, après cet aperçu sur le milieu de notre étude, une définition des principaux concepts est nécessaire.

1.2. Les définitions des concepts et situation des acquis de la littérature

L'institution de l'étude d'impact environnemental n'est cependant pas une idée nouvelle. Elle est utilisée pour la première fois aux Etats-Unis d'Amérique dans la loi sur l'environnement de 1969, qui oblige la soumission d'une étude d'impact sur l'environnement avant la réalisation de tout projet de développement économique. Cette pratique s'est propagée à travers une multitude d'instruments juridiques internationaux d'une manière très partielle en 1972 dans la déclaration de Stockholm), puis 20 ans plus tard en 1992 dans la déclaration de Rio et son plan d'action, l'Agenda 21.

Afin de mieux ressortir l'impact de la pratique des EIES au Tchad, nous allons tout d'abord définir les principaux concepts qui guident notre réflexion avant de présenter la situation des acquis de la littérature.

1.2.1. Les définitions des principaux concepts

La compréhension des principales notions qui orientent notre analyse sur le cadre institutionnel et normatif des études d'impact environnemental et social au Tchad revêt une importance capitale. Ainsi, une brève définition de ces différents mots s'impose. Il s'agit :

Du cadre institutionnel : selon le Dictionnaire de vocabulaire juridique (édition PUF. 1990), le cadre institutionnel a trait à ce qui a été érigé en **institution** qui, au sens général et large, vient du latin **institutio**, du verbe **instituere** qui veut dire disposer, établir. C'est un ensemble d'éléments constituant la structure juridique de la réalité sociale ou simplement un ensemble des mécanismes et structures juridiques encadrant les conduites au sein d'une collectivité.

Il définit aussi **le cadre normatif** comme une règle qui est porteur d'une norme qui vient du latin **norma** (équerre, mesure, règle). Terme scientifique employé parfois dans une acception générale comme équivalent de la règle de Droit qui évoque non pas l'idée de normalité (biologie) ni celle de rationalité ou de type convenu mais spécifiquement la valeur obligatoire attachée à une règle de conduite et qui offre l'avantage de viser, d'une manière générale, toutes les règles présentant ce caractère. Selon Kelsen[7], c'est un ensemble d'éléments coordonnés et hiérarchisés qui constituent un système de droit ou « ordonnancement juridique dans lequel les normes supérieures engendrent directement les normes inférieures (constitution, lois, décrets, etc.). C'est une locution qui désigne un ensemble de documents de référence définissant des normes à respecter dans un lieu ou un pays donné. Il désigne au sens large l'ensemble des règles obligatoires édictées par les autorités publiques : la Constitution, la législation, les ordonnances, décrets, règlements et arrêtés. Ces deux notions doivent être les éléments indispensables à l'élaboration des stratégies de mise en œuvre des Etudes d'Impact Environnemental et Social d'un Etat. (VANESSA, 2012)

Les études d'impact environnemental et social : L'étude d'impact sur l'environnement ne trouve aucune définition consacrée dans les instruments juridiques internationaux. Selon le Ministère de l'Écologie, du Développement durable et de l'Énergie de la France, « *l'étude d'impact désigne à la fois une démarche et un dossier réglementaire. La première est une réflexion approfondie sur l'impact d'un projet sur l'environnement, conduite par le maître d'ouvrage au même titre qu'il étudie la faisabilité technique et économique de son projet. Le second est le document qui expose, notamment à l'intention de l'autorité qui délivre l'autorisation et à celle du public, la façon dont le maître d'ouvrage a pris en compte l'environnement tout au long de la conception de son projet et les dispositions sur lesquelles il s'engage pour en atténuer les impacts[8]* ». Elle peut être perçue, de manière simple, comme un mécanisme permettant d'évaluer les incidences sur l'environnement des projets économiques de grande envergure. C'est un processus qui permet aux décideurs d'avoir une idée précise sur des effets que pourront avoir

---

[7]**Hans Kelsen**, (1881-1973) est un juriste austro-américain, fils d'une famille juive de Bohême et de Galicie. Dans le domaine du droit, il est à l'origine de la « théorie pure du droit ». Il est le fondateur du normativisme et du principe de la pyramide des normes.
Hans Kelsen appartient au mouvement du positivisme juridique, qui s'oppose au jusnaturalisme en prétendant décrire objectivement tout système juridique, sans faire appel à des valeurs morales extrinsèques au droit. C'est dans son ouvrage « Théorie pure du Droit » traduit en français chez Dalloz qu'il a abordé la question des normes en Droit.
[8]Etudes d'impact : articles L 122-1 à L 122-3 et R 122-1 à 16 du code de l'environnement de la France.

certains projets économiques sur la préservation de l'environnement. Au Tchad, elle est définie par le Décret 630/PR/PM/MEERH/2010 du 04 Août 2010, en son Article 2 comme « *un document permettant d'identifier, d'apprécier, d'évaluer et de mesurer les effets directs et indirects à court, moyen et long terme sur l'environnement de tout projet* ».

En somme, après ces brefs éclaircissements sur ces différents concepts, une brève revue de littérature s'impose.

1.2.2. La situation des acquis de la littérature

La protection de l'environnement constitue depuis quelques décennies dans le monde une priorité dans le développement. Vulgarisée avec le concept de développement durable et du changement climatique et propulsée comme une norme nécessaire pour le financement de tout projet, les études d'impact environnemental et social ont atteint le Tchad dès le début des années 1990 en prémices aux explorations pétrolières. Elle a été imposée par la Banque Mondiale comme un préalable au financement du projet pétrolier de Komé et intégrée dans plusieurs textes régissant la protection de l'environnement. Pour ce qui est de notre sujet de réflexion qui est une première du genre, la liste des études orientées spécifiquement dans ce domaine n'est pas exhaustive. Toutefois, il existe un certain nombre d'écrits qui, même si cela ne concerne pas directement le cadre institutionnel et normatif des études d'impact, nous permettent d'avoir des informations nécessaires. Il s'agit principalement des rapports d'études d'impact des projets réalisés par de bureaux d'études.

C'est le cas de l'étude d'impact environnemental et social du projet d'aménagement d'un périmètre agricole de 10 000 hectare à Djermaya au Nord de la capital N'Djaména (Centre de d'Expertise et de Formation (CEF), 2013). En effet, c'est un projet qui vise à étendre les périmètres irrigués de la zone de Djermaya avec maitrise totale d'eau en vue d'assurer la sécurité alimentaire et la réduction de la pauvreté. C'est un projet financé par l'Union Européenne dans le cadre de sa politique de lutte contre la pauvreté. Ainsi, l'étude a recensé les principaux acteurs intervenant dans les EIES au Tchad. On remarque dans cette étude que le cadre institutionnel des EIES couvre un large éventail d'institutions qui ont un niveau d'intervention divers. Elle a également exposé les différentes normes tant nationales qu'internationales utilisées dans les EIES.

Pour le cas de l'EIES de la Route Ndjamena - Moundou – Touboro. C'est un projet qui porte sur l'entretien périodique de la route N'Djaména-frontière/ Karakaye, financé par la Banque Mondiale. la présente étude a pour objectif de déterminer et d'évaluer les effets sociaux et environnementaux potentiels des activités à entreprendre dans le cadre du projet et d'élaborer des mesures d'atténuation et de suivi, ainsi que des mesures institutionnelles à mettre en œuvre pendant la phase d'exécution du projet, les auteurs ont présenté clairement le cadre national de gestion de l'environnement.

Plusieurs autres études notamment l'EIES du projet de construction d'une usine d'incinération des boues huileuses dans les champs pétrolifères de Rônier de la CHINA NATIONAL PETROLEUM CORPORATION INTERNATIONAL CHAD (CNPCIC, 2013) , la filiale de la société chinoise au Tchad ; l'EIE du projet pétrolier des blocs DOC et DOD de la société UNITED HYDROCARBON CHAD LIMITED (UHCL, 2013) ; l'EIES du Projet de développement du Bloc Pétrolier DOSEO-BOROGOP de la société CARACAL ENERGY Inc.(CEI, 2012) ; etc. Les auteurs de ces différents rapports ont abordé, à leurs manières, les principaux contours du cadre institutionnel et normatif dans le processus des évaluations environnementales et sociales au Tchad.

Sur le plan régional, notons que le travail de recherche de Eric Jackson FONKOUA sur « Les études d'impact environnemental dans les projets de développement au Cameroun ». Cette étude a pour objectif d'identifier des textes, tant législatifs que réglementaires existant au Cameroun en matière d'étude d'impact environnemental, conformément au Droit international de l'environnement en vigueur ; de déterminer des obstacles rencontrés lors de leur mise en œuvre ;d'analyser l'effectivité de leur mise en pratique et de proposer des solutions. L'étude divisée en deux parties a permis de faire ressortir la consécration de l'étude d'impact environnemental au Cameroun, sa mise en œuvre à travers plusieurs projets dont celui de la construction du PIPELINE TCHAD – CAMEROUN dans lequel l'auteur a fait un exposé sur la situation des EIES au Tchad.

Une étude réalisée dans le cadre d'un master par MOUMBEN J. B. (2013) sur l'analyse comparée des procédures d'études d'impact environnemental dans trois pays de la Communauté Economique des Etats de l'Afrique Centrale (CEEAC)**(Cameroun, Tchad et République Centrafricaine(RCA))** et perspective d'harmonisation a permis de relever les points de divergence entre les différents cadres juridiques et institutionnels et aussi les procédures des EIES dans ces trois pays dans le but de proposer une démarche d'harmonisation pouvant être utilisée dans la réalisation des rapports d'EIES de certains projets transfrontaliers. Dans son chapitre 3, l'auteur a présenté le cadre juridique et institutionnel des EIES au Tchad.

Sur le plan mondial, plusieurs documents y ont fait référence. Dans l'ouvrage « L'EVALUATION DES IMPACTS ENVIRONNEMENTAUX : Un outil d'aide à la décision » (Gaétan et Al. 2000), les auteurs nous font profiter de plusieurs années de travail d'enseignement universitaire au Canada et à l'étranger sur les évaluations des impacts environnementaux. Ils ont abordé la question de la procédure particulière d'examen de l'évaluation des impacts environnementaux en mettant l'accent sur la cadre législatif, réglementaire et corporatif. Les auteurs ont fait une présentation des cas du Canada, de Québec et de la Guinée pour nous « fournir une illustration de l'évolution possible du cadre législatif ainsi que des principaux éléments du contexte réglementaire et normatif en évaluation des impacts environnementaux.

Toutes ces différentes études ont été très importantes pour notre reflexion car elles nous ont permis, d'une part de circonscrire le cadre légal régissant les EIES à travers le monde mais aussi au Tchad. Elles nous ont permis de montrer le degré de vulgarisation de cet outil dans le monde. Dans la plupart des cas, cet outil garde les mêmes éléments dans l'espace et dans le temps. D'autre part, elles permettent de se rendre compte des maux qui minent cette stratégie permettant de mieux assurer la protection de l'environnement face aux activités de production de biens et services. Elle a montré que cette vulgarisation est soutenue par un cadre légal dont les contours doivent être précisés afin de favoriser leur efficacité.

Ainsi, notre reflexion sur le cadre institutionnel et normatif des Etudes d'Impact Environnemental et Social au Tchad vient en complément de ces écrits et autres documents dans ce sens.

Les EIES sont requises pour une majorité de projets et sont obligatoires mais aussi d'une extrême nécessité face aux projets de développement d'envergures car elles proposent des solutions pouvant permettre de modifier et d'atténuer certains de leurs effets négatifs sur l'environnement. Ainsi dans la logique de notre réflexion dans ce domaine, nous nous sommes fixés une hypothèse qu'il va falloir vérifier.

A la suite de ces différentes questions et pour vérifier nos objectifs, nous avons émis l'hypothèse «qu'un cadre institutionnel circonscrit et normatif adéquat favorise une bonne exécution des études d'impacts environnemental et social. »

La présentation du cadre contextuel des EIES au Tchad nous a permis de fixer les bases de notre réflexion sur la légalité de cette pratique au Tchad. Par ailleurs, pour la suite de notre analyse il est important de faire l'état de lieu du cadre institutionnel et normatif des EIES au Tchad.

II. LE DIAGNOSTIC DU CADRE LEGAL DES ETUDES D'IMPACT ENVIRONNEMENTAL ET SOCIAL AU TCHAD

Afin de se conformer à la démarche enclenchée dans le monde pour protéger l'environnement, plusieurs pays ont mis en place des procédures permettant de limiter, d'atténuer et de corriger les effets négatifs que pourraient avoir leurs activités. C'est dans cette démarche, que sont apparues, les Etudes d'Impact Environnemental et Social (EIES) des projets de développement et politiques de développement.

Ainsi, le Tchad, avec l'appui des organisations internationales a mis en place des stratégies pouvant lui permettre de protéger son environnement. Ces politiques ont été intégrées dans le cadre institutionnel et normatif régissant la société tchadienne. Cela ressort dans la collecte de données effectuées.

2.1. Le cadre institutionnel des Etudes d'Impact Environnemental et Social au Tchad

Selon les dispositions de l'alinéa 2 de l'article 86 de la Loi 14/PR/98 du 17 août 1998 définissant les principes généraux de la protection de l'environnement, les études d'impact environnemental sont réalisées par le maitre d'ouvrage, le pétitionnaire ou par une personne physique ou morale habilitée et agrée par l'administration en charge de l'environnement, sont déposées devant l'administration chargée de la protection et de la gestion de l'environnement, qui peut, selon le but du projet, recueillir l'avis des différents départements ministériels concernés conformément aux dispositions de l'article 88 de ladite loi.

2.1.1. L'institution en charge des questions environnementales au Tchad

Indépendant depuis le 11 août 1960, le Tchad a conservé les acquis organisationnels post- colonisation. L'exécution des pouvoirs publics sont la propriété exclusive du Président de la République et le Gouvernement à travers un ensemble de Ministère. Ainsi, les questions environnementales sont assurées par le Département en charge de l'environnement.

Le **Ministère de l'Environnement et des Ressources Halieutiques (MERH)** est une des structures techniques du Gouvernement qui est née après un processus qui a mis du temps à se mettre en place. En effet, le premier cadre institutionnel et juridique du secteur des ressources naturelles et de l'environnement a été initié en 1949 avec la création du service des eaux, forets, pêches et chasse du Tchad pour prendre une dimension plus grande en 1985 avec le Ministère du Tourisme et des Eaux et Forêts. Il a fallu attendre plusieurs fusions pour qu'en 2014 avec le Décret N° 003/PR/PM/2014 du 02 janvier 2014, le Ministère de l'Environnement et des Ressources Halieutique fut créé.

Selon ce décret, cette structure est chargée de la conception, la mise en œuvre et du suivi de la politique du Gouvernement en matière d'environnement et des ressources halieutiques avec plusieurs missions en lien avec la protection de l'environnement dont celle relative aux Etudes d'impact environnemental des projets et programmes. Cette reconnaissance tacite faite à cette institution par l'exécutif lui confère le caractère légal et juridique lui permettant d'assurer et de contrôler, à côté de ses multiples attributions, les Etudes d'Impact Environnemental et Social dans le but de protéger l'environnement face aux activités de développement.

Cette institution, pour mieux accomplir les tâches qui lui sont confiées dans le but d'assurer l'équilibre harmonieux de la population avec son milieu face aux activités publiques ou privées d'aménagement, d'équipement et de production, est structuré au niveau central par un Cabinet, une Inspection Générale et un Secrétariat Général avec deux Directions Générales et au niveau déconcentré par des Délégations régionales bien structurées selon le Décret 1707/PR/PM/MERH/2014 portant organigramme du Ministère de l'Environnement et des Ressources Halieutiques. C'est sous la **Direction Générale de la Gestion de l'Environnement** (DGGE) qu'est créée la **Direction des Evaluations Environnementales et de la Lutte Contre les Pollution et les Nuisances** (DEELCPN). C'est une structure technique chargée de « *mettre en œuvre la politique du Gouvernement en matière d'évaluations environnementales et de la Lutte contre les pollutions et les nuisances; participer à l'élaboration de la politique, des stratégies et des plans d'action du Ministère en matière d'Evaluations Environnementales et de la Lutte Contre les Pollutions et les Nuisances; Superviser et valider les évaluations environnementales stratégiques, les plans de développement régionaux ou sectoriels ;Superviser et valider les études d'impact sur l'environnement des établissements classés, des programmes, aménagements, ouvrages et des projets; contrôler la gestion des déchets et les systèmes d 'assainissement, en collaboration avec les autres services concernés; Superviser la prévention et la gestion des risques et catastrophes naturelles avec les services concernés ; coordonner les activités de l 'Unité Technique de Contrôle des Pollutions et des Nuisances; coordonner les activités de la Cellule de Coordination des Accords, Protocoles, Traites et Conventions sous régionaux, régionaux et internationaux relatifs à la lutte contre les pollutions et les nuisances; élaborer et mettre en œuvre un programme de recherche et de renforcement de capacité en matière d 'Evaluations Environnementales, de la Lutte Contre les Pollutions et les Nuisances, en collaboration avec les services concernés* » qui se charge spécifiquement des EIES.

Face à de cette structure en charge des questions environnementales, plusieurs départements interviennent, selon la nature du projet, à la procédure des études d'impact environnemental et social.

2.1.2. Les autres institutions intervenant dans le processus des études d'impact environnemental au Tchad

Le Gouvernement de la République du Tchad, ses partenaires au développement et l'ensemble des acteurs de développement durable ont intégré la protection de l'environnement dans la conception et la mise en œuvre des politiques, stratégies, plans, programmes et projets de développement face à la dégradation de l'environnement et des ressources naturelles, notamment la réduction brutale du potentiel des ressources en eau. Ainsi, à côté du Ministère en charge de l'Environnement qui est l'organe principal chargé de la question des Etudes d'impact environnemental, plusieurs autres institutions interviennent dans le but de prévenir la dégradation de l'environnement.

Selon les textes en la matière et notamment l'article 8 du titre 2 de la LOI 14/PR/98, le **Haut Comité National pour l'Environnement** (HCNE) est l'organe d'application des politiques et stratégies du Gouvernement en matière de protection de l'environnement. C'est un organe interministériel qui joue un rôle prépondérant dans la gestion de l'environnement.

Il a essentiellement pour mission d'impulser, d'harmoniser et de veiller à la mise en œuvre des politiques et stratégies en la matière en vue d'un développement durable au Tchad. Il est composé de tous les chefs des départements ministériels et est présidé par le Premier Ministre qui est suppléé par le Ministre du Plan en cas d'empêchement. Le Secrétariat exécutif est assuré par le Ministre en charge de l'Environnement. Par ailleurs, les modalités de fonctionnement et les attributions du HCNE sont définies par un texte qui n'a pas encore été élaboré.

Auprès du HCNE, plusieurs institutions ministérielles interviennent dans le processus des EIES au Tchad. Il s'agit du :

- **Ministère chargé de l'Energie et du Pétrole** qui est chargé de la conception, de la coordination, de la mise en œuvre et du suivi de la politique du Gouvernement dans le domaine de l'énergie et des hydrocarbures. Il met en œuvre et évalue la politique de l'Etat en matière de production, de transport et de la distribution de l'énergie ;

- **Ministère chargé de l'agriculture et de l'irrigation** qui est chargé de la conception, de la conception, de la mise en œuvre et du suivi de la politique du Gouvernement en matière d'agriculture e d'irrigation afin d'assurer la sécurité alimentaire et la promotion du monde rural dans le cadre de la politique générale arrêtée par le gouvernement à travers des stratégies et des plans d'action de développement agricole, l'amélioration et la promotion des productions agricoles par le renforcement des services d'appui aux producteurs, la structuration des filières et le renforcement du système en collaboration avec le Ministère en charge de l'environnement ;

- **Ministère chargé des infrastructures et des transports**, chargé de la conception, de la coordination, de la mise en œuvre et du suivi de la politique du gouvernement en matière d'infrastructures et de circulation routière en collaboration avec les départements ministériels concernés. Il joue le rôle de centralisation et de gestion des financements destinés à la réalisation des infrastructures publiques nationales. De ce fait c'est l'organe le plus concerné par les EIES car il assure l'élaboration et la mise en œuvre de la politique et des programmes d'investissement du Gouvernement en matière d'infrastructures, d'entretien.

- **Ministère chargé de l'urbanisme, de l'habitat, des affaires foncières et des domaines** qui est chargé de la conception, de la mise en œuvre et du suivi de la politique du Gouvernement en matière de l'urbanisme, d'habitat, du foncier et des domaines ainsi que toute question lié à l'accès à la terre en collaboration avec les ministères concernés ;

- **Ministère chargé de l'aménagement du territoire, de la décentralisation et des libertés locales** chargé de la conception, de la coordination, de la conception et de la mise en œuvre de la politique du gouvernement en matière d'aménagement du territoire, de la décentralisation et des libertés locales avec les Ministères concernés ;

- **Ministère chargé de l'hydraulique rurale et urbaine** qui est chargé de la conception, de la mise en œuvre et du suivi de la politique du Gouvernement dans le domaine de l'hydraulique en milieu rural et urbain avec les Ministère concernés ;

- **Ministère chargé des mines et de la géologie** qui est chargé de la conception, de la coordination, de la mise en œuvre et du suivi de la politique du Gouvernement en matière minière et géologique. La prospection, la recherche, l'exploitation, la détention, la circulation, la transformation et le commerce de substances minérales ou fossiles relèvent de sa compétence en collaboration avec les institutions concernées ;

- **Ministère chargé de la santé publique** qui est chargé de la conception, de la coordination, de la mise en œuvre et du suivi de la politique du Gouvernement en matière de santé. Il assure la surveillance sanitaire des collectivités et la promotion de la salubrité de l'environnement en collaboration avec les ministères concernés. Il faut signaler ici qu'il y a eu, juste après notre période de stage, un nouveau remaniement ministériel dans lequel plusieurs Ministères ont été fusionnés notamment le Ministère de l'environnement avec celui de l'agriculture qui conservent l'ensemble de leurs attributions même si certaines structures internes ont disparu.

En outre, il faut aussi noter l'apport non considérable des institutions internationales de financement telle que la Banque mondiale, la Banque Africaine de Développement qui ont intégré et promu l'intégration des EIES dans l'octroi des financements.

En somme, afin de mettre en pratique les EIES au Tchad, les différentes institutions appuyant le Ministère en charge de l'environnement se servent d'un ensemble de dispositif réglementaire tant national qu'international.

2.2. Le cadre normatif des Etudes d'Impact Environnemental et Social au Tchad

Selon le Dictionnaire de Droit International de l'environnement, Les normes environnementales peuvent être soit juridiques, « *énoncé sous forme de langage, incorporé à un ordre juridique et dont l'objet est soit de prescrire à des sujets de droit une obligation de faire ou de ne pas faire, soit d'accorder à ces sujets des autorisations de faire ou de ne pas faire, soit d'habiliter des organes de l'ordre juridique à exercer certaines activités selon une certaine procédure* »; soit techniques, dispositions particulières, sous forme de chiffres, taux, tableaux et listes qui ont pour objet de préciser la portée des normes générales de portée plus juridique (RECYCONSULT, 2010).

Née de la pratique américaine, les EIES ont été progressivement intégrées dans des Etats mais aussi des institutions internationales. Au Tchad, la législation environnementale nationale repose d'une part sur les principes et règles énoncés dans les textes nationaux en la matière et d'autre part sur les Accords Multilatéraux de l'Environnement (AME) ratifiés par le Tchad.

2.2.1. Le cadre normatif national

Le droit de l'environnement au Tchad est formé essentiellement de deux étapes. Celle poste Loi 14/PR/98 où sont élaborés des textes protégeant certains aspects de l'environnement (Ordonnance de 1963 sur la protection de la nature abrogée par la loi de 2008 sur le régime des forêts, de la faune et des ressources halieutiques) et celle commençant avec la Loi 14/PR/98 qui est la conséquence de la prise de conscience universelle vis-à-vis à la protection de l'environnement suite aux conférences internationales des Nations Unies de Stockholm en 1972 et celle de Rio de Janeiro, le Tchad a connu l'émergence du Droit de l'Environnement en se dotant d'un cadre institutionnel rénové et d'un arsenal juridique adéquat pour protéger efficacement son environnement et assurer l'effectivité des normes environnementales dans le pays.

Cette volonté est exprimée dans la loi suprême adoptée par Référendum du 31 mars 1996 et révisée par la Loi constitutionnelle n° 08/PR/2005 du 15 juillet 2005. Cette loi fondamentale énonce dans son Article 47 que : « *toute personne a droit à un environnement sain* » et impose à la charge de tout tchadien le devoir de respecter son environnement mais aussi attribue les compétences selon l'article 48 à « *l'Etat et les Collectivité Territoriales Décentralisées de veiller à la protection de l'environnement* ». Afin de mieux mettre en pratique ces dispositions générales prévues dans la Constitution, plusieurs textes ont été élaborés. Il s'agit de :

> ➤ **la Loi 14/PR/98 du 17 août 1998 définissant les principes généraux de la protection de l'environnement** qui a pour objectif « d'établir les principes pour la gestion durable de l'environnement et sa protection contre toutes formes de dégradation, afin de sauvegarder et valoriser les ressources naturelles et d'améliorer les conditions de vie de la population ». Elle constitue le point de départ des EIE au Tchad car le Chapitre I de son Titre VI est exclusivement consacré aux EIE. Ce chapitre traite du champ d'application, du contenu et les différents contrôles auxquels sont soumises les EIE au Tchad (Article 83 à 91) ;

> ➤ **la Loi /14/PR/2008 du 10 Juin 2010, portant régime des forets, la faune et des ressources halieutiques** qui « *détermine le régime de conservation et de gestion durable des forêts, de la faune et des ressources halieutiques, conformément aux dispositions pertinentes de la constitution et aux principes énoncés par la Loi N° 14/PR/98 du 17 août 1998 définissant les principes généraux de la protection de l'environnement* ». Les principes retenus dans cette loi vont du principe de durabilité impliquant une gestion rationnelle, équilibrée et durable des ressources au principe de participation qui implique la prise en compte des avis, besoins et intérêts des parties concernées. L'article trois (3) de cette présente loi reprend des EIES qui vise à « assurer la protection de l'environnement, la conservation de la biodiversité et de la lutte contre la désertification ; la satisfaction des besoins socio-économiques actuels et futurs du pays, dans l'intérêt et avec l'implication et la participation active de la population ».

A côté de ces textes consacrés spécifiquement à la gestion d l'environnement, il faut aussi noter l'existence des textes qui contiennent des dispositions très intéressantes pour l'environnement. Il s'agit principalement de :

➢ la **Loi 016/PR/99 du 18 août 1999 portant Code de l'Eau** qui traite de la « gestion des eaux fluviales, lacustres ou souterraines, et celle de l'exploitation et des ouvrages hydrauliques sont déterminées par les dispositions du présent Code, sous réserve du respect des accords internationaux » ;

➢ la **Loi 11/PR/95 du 20 Juin 1995 portant Code Minier** qui « traite des activités de prospection, de recherche, d'exploitation et de commerce des substances minérales ou fissiles » (Article 1-1) tout en précisant en son Article 66 que « les activités régies par le Code Minier doivent être conduites de manière à minimiser leur impact négatif sur l'environnement physique, les populations locales et les usages et coutumes ancestrales en contenant la pollution sous toutes ses formes, dans des normes acceptables ou prévues par le Code Minier et la législation sur l'Environnement ». Elle fait allusion à l'EIE comme condition sine qua none à l'obtention du permis d'exploitation ;

➢ la **Loi 006/PR/2007 du 02 mai 2007 relative aux hydrocarbures** qui « exige que toutes les recherches d'hydrocarbures et que tous les détenteurs de permis de développement présentent une EIES, un Plan d'invention d'urgence ainsi qu'un plan d'abandon et de remise en l'état ».

A cette liste s'ajoutent des lois qui intègrent la protection de l'environnement telles que la Loi 14/PR/95 du 13 Juillet 1995 relative à la protection de végétaux ; la Loi 36/PR/94 du 16 Novembre 1994 portant organisation de la commercialisation et du transport des bois dans les grandes agglomérations et la fiscalité qui lui est applicable ; la Loi 009/PR/2008 du 06 Juin 2006 portant adoption du Plan National d'intervention en cas de Déversement Accidentels d'Hydrocarbures etc. qui ont un lien direct avec les EIES.

Toutes ces lois ont prévu des dispositions permettant d'élaborer des textes spécifiques d'application. Ainsi, plusieurs textes d'application ont été élaborés notamment :

- le **DECRET N° 630/PR/PM/MEERH/2010 du 04 Août 2010 Portant Réglementation des Etudes d'Impact sur l'Environnement** qui « *fixe les modalités de mise en œuvre de la procédure d'étude d'impact sur l'environnement en République du Tchad* ». C'est un texte qui consacre la pratique des EIE au Tchad allant de ses principes généraux, de son organe de gestion, de ses modalités d'exécution et son contenu, de la consultation publique à ses dispositions diverses, répressives et finales. Il est l'outil essentiel des EIE au Tchad.

- Le **DECRET N° 298/MTE/DG/97 du 10 juillet 1997 portant création du Comité Technique National de Suivi et de Contrôle de l'Exécution des Plan de Gestion de l'Environnement**

des Projets Pétroliers qui « *assure le suivi et le contrôle de l'exécution des Plans de Gestion de l'Environnement et des mesures d'atténuations des impacts préconisées* » ;

- **Le DECRET N° 904/PR/PM/MERH/2009 du 06 aout 2009 portant Réglementation des pollutions et des nuisances à l'environnement** qui « définit les règles relatives aux pollutions et aux nuisances à l'environnement conformément au Titre V de la LOI 14/PR/98 du 17 aout 1998 sans préjudice du respect des Conventions, Protocoles et Accords Internationaux pertinents auxquels la République du Tchad est partie » et met en place les dispositions nécessaires pouvant permettre une bonne gestion des pollutions et nuisances à l'environnement ;

- **L'ARRETE N° 041/MERH/SG/CACETALDE/2013** du 09 juillet 2003 Portant réglementation des Consultations Publiques en Matière d'Etudes d'Impact sur l'Environnement qui « *définit le cadre de la Consultation Publique en Matière d'Etudes d'Impact sur l'Environnement en République du Tchad, conformément à l'article 81 de la Loi N° 14/PR/98 du 17 aout 1998 définissant les principes généraux de la protection de l'environnement* » ;

- **L'ARRETE N° 039/PR/PM/MERH/SG/DGE/DEELCPN/2012** du 29 novembre 2012 Portant guide général de réalisation d'une étude d'impact sur l'environnement qui «*décrit la démarche à suivre pour la réalisation d'une étude d'impact sur l'environnement, conformément aux dispositions du Décret N°630/PR/PM/MEERH/2010 du04 août 2010 portant réglementation des études d'impact sur l'environnement* ».

Il faut aussi noter que plusieurs textes nationaux ont pris en compte expressément ou ont prévu des gardes fous pouvant intégrer les EIE dans leur domaine. A côté du cadre normatif national, le Tchad est partie prenante à un certain nombre de disposition au niveau international pour la protection de l'environnement.

2.2.2. Le cadre normatif international

Il est une évidence que la protection de l'environnement est une nécessité qui s'impose à tous les acteurs. La construction du Droit International de l'Environnement s'est justifiée par la prise de conscience qui a permis de comprendre que les actions et les activités de l'homme sont loin d'être sans effet sur l'environnement. Depuis une trentaine d'année, les mécanismes politiques internationaux ont permis la mise sur pieds d'un nombre important de normes. Ces instruments juridiques multilatéraux ont des caractéristiques diverses. Certains sont juridiquement contraignantes et d'autres sont dépourvues du caractère contraignant.

> **Les instruments internationaux contraignants**

Les normes de la Conférence des Nations Unies de Stockholm de 1972 : premier Sommet de la Terre, elle a été le véritable point de départ de l'élaboration de normes internationales en matière de protection de l'environnement. Il est vrai que cette Conférence n'a pas abouti à l'adoption d'un instrument juridique contraignant, mais la Déclaration qui y a été approuvée a amené les Etats membres des Nations Unies à multiplier l'introduction des mesures de défense de l'environnement dans les normes internes de protection de l'environnement. Elle a également impulsé l'adoption d'une multitude de Conventions internationales de protection de l'environnement, sur le plan multilatéral. Il existe une multitude d'instruments internationaux contraignants traitant de protection de la protection de l'environnement en général et des études d'impacts sur l'environnement des programmes, projets et politiques en particulier. Il s'agit des textes contraignants désignant un engagement juridique international et qui font généralement l'objet d'une ratification. Le Tchad, pour ne pas rester en marge de ce principe, s'est engagé à respecter un certain nombre de ces instruments. Il s'agit principalement des conventions, accords, lois, traités, protocoles etc.

S'agissant des conventions, il faut tout d'abord mettre l'accent sur celles issues du sommet de Rio de Janeiro appelé sommet de la terre et celles antérieures. Il s'agit principalement de :

la convention des Nations Unies sur les changements climatiques conclue également à Rio, en 1992, lors du Sommet de la Terre. Elle concrétise les déclarations faites lors de la deuxième Conférence mondiale sur le climat (LA HAYE 1990) et des travaux entrepris par le Groupe Intergouvernemental d'Expert sur le Climat (GIEC).Il s'agit d'un point marquant du Sommet de Rioet se donne pour objectif de stabiliser les concentrations de gaz à effet de serre, lié aux activités humaines, à un niveau qui empêche toute perturbation anthropique dangereuse du climat. Les parties se sont engagées à réaliser des inventaires nationaux des émissions de gaz à effet de serre. L'étude d'impact y est évoquée à l'article 4 alinéa f relatif aux engagements des parties :« *Toutes les parties tiennent compte, dans la mesure du possible, des considérations liées aux changements climatiques dans leurs politiques, actions sociales, économiques et écologiques et utilisent des méthodes appropriées, par exemple des études d'impact, formulées et définies sur le plan national, pour réduire au minimum les effets préjudiciables à l'économie, à la santé publique et la qualité de l'environnement des projets ou mesures qu'elles entreprennent en vue d'atténuer les changements climatiques ou de s'y adapter* »(un.org 2002)

La convention regroupe un ensemble de règlements visant la stabilisation des gaz à effet de serre dans le but d'empêcher une action néfaste de l'homme sur le climat mondial.

Le Tchad, membre de l'Organisation des Nations Unies ayant participé à cette conférence a signé cette convention le 07 juin 1992 et l'a ratifiée le 30 avril 199 ;

la Convention sur la diversité biologique a été adoptée à Rio dans le cadre du sommet de la terre. Reconnaissant pour la première fois que la conservation de la diversité biologique est « *une préoccupation commune à l'humanité* ». Les objectifs de la présente Convention, dont la réalisation sera conforme à ses dispositions pertinentes, sont la conservation de la diversité biologique, l'utilisation durable des éléments et le partage juste et équitable des avantages découlant de l'exploitation des ressources génétiques, notamment grâce à un accès satisfaisant aux ressources génétiques et à un transfert approprié des techniques pertinentes, compte tenu de tous les droits sur ces ressources et aux techniques, et grâce à un financement adéquat[9].

Elle traite spécifiquement l'étude d'impact environnemental dans son Article 14, alinéa premier. La lecture de cet article nous permet de constater que la Convention fait référence à cinq (5) aspects particuliers dans le cadre de l'élaboration des études d'impact :

- *adoption, par les parties, de procédures permettant d'exiger l'évaluation environnementale des projets susceptibles de nuire à la diversité biologique ;*
- *prise en compte des effets sur l'environnement dans les programmes et politiques susceptibles de nuire à la diversité biologique* **;**
- *encouragement à la notification et l'échange d'informations sur les activités nationales pouvant avoir un effet nuisible à la diversité biologique sur le territoire d'un autre Etat ;*
- *information imminente et coopération internationale dans le cadre d'un danger grave ou d'un dommage imminent menaçant la diversité biologique et la*
- *facilitation d'arrangements nationaux dans l'adoption de mesures nationales au cas où des activités ou évènements présentent un danger pour la diversité biologique.*

La clarté avec laquelle la Convention sur la diversité biologique aborde la question de l'étude d'impact environnemental devrait amener à reconnaître qu'elle est l'un des rares textes contraignants à en être autant détaillé. Elle a été signée par le Tchad le 12 juin 1992 et ratifiée le 07 juin 1994. Plusieurs autres conventions ont été signées et ratifiées par le Tchad (voir Tableau 1).

De surcroit, **le protocole de Montréal** relatif à des substances qui appauvrissent la couche d'ozone est un exemple de coopération entre le Nord et le Sud, entre les gouvernements et l'industrie face à un

---

[9] Article 1er de la convention sur la diversité biologique

problème environnemental majeur, le trou dans la couche d'ozone. Ce protocole impose la suppression de l'utilisation des CFC (chlorofluorocarbones) sauf pour des utilisations qualifiées de critiques ou essentielles, de halons, bromure de méthyle et autres substances appauvrissant la couche d'ozone (HCFC (hydrochlorofluorocarbones)), tétrachlorure de carbone, bromochlorométhane, hydrobromofluorocarbone, méthylchloroforme). Les CFC sont aujourd'hui définitivement supprimés à l'exception de quantités très minimes et indispensables (utilisation en médecine). Ce protocole a permis, grâce à ses mécanismes, d'inclure la prise en compte des gaz à effet de serre dans la conception des projets de développement. Ainsi, dans la réalisation des EIES, ces éléments sont pris en compte afin de réduire les effets néfastes à la couche d'ozone.

Ce protocole été signé par le Tchad en 1987 et ratifié le 07 juin 1994. Plusieurs autres amendements à ce protocole ont également été ratifiés.

Il faut aussi mettre l'accent ici sur les préalables de **la Banque Mondiale** (Operational Directive 4.00 de septembre 1989, révisée et améliorée par l'Operational Directive 4.01 d'octobre 1991).L'Operational Directive 4.01 (OD 4.01) précise que l'EIE est un instrument de protection de l'environnement parmi d'autres, comme l'évaluation environnementale régionale ou sectorielle, l'audit environnemental, l'étude des dangers et des risques liés aux projets et le plan de gestion environnemental. Ces différents instruments sont utilisés en fonction des circonstances et de la nature du projet. Elle exige la soumission d'un projet à l'étude d'impact selon une classification en catégorie (trois catégories A, B et C) selon le type d'emplacement et les impacts potentiels du projet avant tout financement (Massimo, 2004). Sous cette impulsion, plusieurs autres institutions influèrent dans leur dispositif les études d'impact. Il s'agit de la Banque Africaine de Développement, les Organisations des Nations Unies (FAO, PNUD, ONUDI...) etc.

A côté de ces instruments à caractère contraignant, il y a aussi ceux qui sont non contraignants mais utiles pour la protection de l'environnement dont le Tchad est partie prenante.

> **Les instruments internationaux non obligatoires**

Les moyens juridiques internationaux non contraignants abordant les études d'impact environnemental sont les plus fréquents. Cette situation traduit l'incertitude, voire de la méfiance de la communauté internationale et des Etats à institutionnaliser ces règles, en des normes contraignantes sur le plan juridique mais dénués de toute contrainte comme des textes qui ne les engagent pas dans le fond pour des raisons de souveraineté.

On retrouve ces textes non seulement dans le bloc de Rio, mais aussi dans les directives des autres Organisations internationales ayant pour vocation la défense de l'environnement.

Au Tchad, la plus importante reste **la Déclaration de Rio sur l'environnement et le développement de juin 1992.** En effet, cette déclaration a été établie à l'occasion du Sommet de la Terre de Rio (Conférence des Nations Unies sur l'environnement et le développement). C'est un ensemble de 27 principes définissant les droits et les responsabilités des Etats, visant à garantir l'intégrité de l'environnement mondial dans le processus de développement.

Cette déclaration témoigne d'une préoccupation majeure apparue depuis la Conférence des Nations Unies de Stockholm en 1972 : l'interdépendance de plus en plus manifeste entre le progrès économique à long terme et la nécessité d'une protection de l'environnement (Organisation des Nations Unies, Document non officiel- Mai 1993)

La Déclaration stipule notamment que :

- les Etats ont "le droit souverain d'exploiter leurs propres ressources" selon leur politique d'environnement et de développement, sans toutefois causer de dommages à l'environnement dans d'autres Etats ou dans des zones au-delà des limites de leur juridiction.
- Il est "indispensable" pour le développement durable d'éliminer.la pauvreté et de réduire les différences de niveaux de vie dans le monde. La pleine participation des femmes est essentielle à la réalisation d'un développement durable.
- les Etats devraient "réduire et éliminer les modes de production et de consommation non viables et promouvoir des politiques démographiques appropriées" ;
- c'est le pollueur qui doit, en principe, assumer le coût de la pollution. Les Etats devraient décourager ou prévenir les mouvements transfrontières d'activités et substances nocives pour la santé de l'homme ou pour l'environnement.
- l'absence de certitude scientifique absolue ne doit pas servir de prétexte pour remettre à plus tard l'adoption de mesures urgentes visant à prévenir "la dégradation de l'environnement."(Déclaration de Rio sur l'environnement et le développement de juin 1992)

Elle a été signée en juin 1992 et ratifiée à la même année par les autorités compétentes. Plusieurs autres normes à caractère bilatéral et multilatéral signé par le Tchad et dont leur application dépend de sa volonté peuvent être cités dans ce cadre. Le tableau suivant est un récapitulatif des normes internationales auxquels le Tchad a signé et ratifié.

Tableau 1 Récapitulatif des normes internationales signées et ratifiées par le Tchad

CONVENTIONS	DATE DE SIGNATURE	DATE DE RATIFICATION
Convention Internationale sur le commerce des espèces de flore et de la faune menacées d'extinction	08/02/1988	02/02/1989
Convention de Vienne pour la protection de la couche d'ozone	18/05/1989	16/08/1989
Convention sur la diversité biologique	12/06/1992	07/06/1994
Convention Cadre des Nations Unies sur les Changements Climatiques	07/06/1992	30/04/1993
Convention des Nations unies sur la lutte contre la désertification	14/10/1994	27/09/1996
Convention de Stockholm sur les polluants organiques persistants	10/09/1998	16/05/2002
Convention de Rotterdam sur la procédure de consentement préalable en connaissance de cause applicable à certains produits chimiques et pesticides dangereux qui font l'objet du commerce international	11/10/1998	10/03/2004
Convention de Bruxelles sur la compétence judiciaire et l'exécution des décisions en matière civile et commerciale	27/09/1968	29/11/1969
Convention de Ramsar relative aux zones humides d'importance internationale particulièrement comme habitats des oiseaux d'eau	13/10/1990	13/10/1990
Convention sur la conservation des espèces migratrices appartenant à la faune sauvage	23/06/1979	01/06/1997
Convention de Bâle sur le contrôle des mouvements transfrontières de déchets dangereux et de leur élimination	27/01/1992	03/10/2004
Convention africaine sur la conservation de la nature et des ressources naturelles	15/09/1968	
Déclaration de la conférence des nations unies sur l'environnement humain **(Stockholm)**	16/06/1972	
Déclaration de Rio sur l'environnement et le développement	14/06/1992	
La convention de Bamako sur l'interdiction d'importer en Afrique des déchets dangereux et sur le contrôle des mouvements transfrontaliers et la gestion des déchets dangereux produits en Afrique	27/01/1992	27/01/1992
Accord sur le règlement commun de la faune et de la flore	03/12/1977	
Convention internationale « sur la préparation, la lutte et la coopération en matière de pollution par les hydrocarbures »	30/11/1990	

Le souci de la protection de l'environnement face aux activités anthropiques a pris des proportions mondiales. Conscient des conséquences des changements climatiques sur l'environnement, le Tchad les a intégrés dans sa politique de développement.

Ainsi, on retrouve ces dispositions au niveau des institutions et des normes juridiques existants ou en cours d'élaboration. C'est ce qui donne un caractère légal à la pratique des EIES au Tchad. Un procédé raisonné a été utilisé pour déceler la présence de ces dispositions au Tchad.

2.3.   La méthodologie de la collecte et de l'analyse des données

Les Etudes d'Impact Environnemental et Social au Tchad sont régies par un ensemble de dispositif juridique. Afin de les analyser convenablement, nous avons adopté une formule de collecte de ces éléments que nous analyserons pour répondre à nos objectifs.

Afin d'aborder et conduire notre étude, le procédé utilisé pour aborder le sujet a été la méthodologie de la collecte de données. Ainsi, la stratégie de la revue de la littérature afin de recueillir des informations nécessaires nous permettant de répondre à l'objectif, nous a paru la mieux indiquée.

Pour l'analyse des différents textes du point de vu législatifs et réglementaires dans le domaine de l'environnement en général et des évaluations environnementales en particulier, nous avons utilisé la méthode d'analyse Strengths, Weaknesses, Opportunities, and Threats *(SWOT)* ou **FFOM** (**F**orces, **F**aiblesses, **O**pportunités, **M**enaces). Elle a consisté à faire ressortir les force qui sont les facteurs internes qui affectent positivement le cadre institutionnel des EIES, les faiblesses qui sont les facteurs qui affectent négativement la performance des EIES, de cibler les opportunités qui permettront de réduire les incertitudes et ainsi d'affiner ou d'évaluer le cadre institutionnel et normatif des EIES au Tchad.

Ainsi, plusieurs textes dont les lois et les règlements ont été consultés. En plus de ces différentes normes, les rapports d'études d'impact de certains projets, des Conventions et traités internationaux, les Directives des institutions de financement ont aussi été examinés. Cette technique nous a permis de nous rendre compte de l'existence, de la présence ou non des dispositions relatives aux études d'impact environnemental et social dans ces différents textes. Elle nous a permis d'identifier les principaux acteurs légaux ou non intervenants dans ce processus avec leur rôle, leur niveau d'intervention au cours des étapes ou processus de réalisation des études d'impact environnemental et social.

Par ailleurs, une approche consultative a également été retenue. Elle a consisté à s'entretenir avec les différents acteurs à différent niveau d'implication et aussi la mise en œuvre pratique des EIES afin d'obtenir des informations supplémentaires. Toute ces informations ont été capitalisées et analysées dans l'optique de déceler leurs forces et faiblesses.

III. L'ABOUTISSEMENT DE L'EXAMEN DES DONNEES

Les Etudes d'Impact Environnemental et Social des programmes et projets ont mis du temps avant d'atteindre la plupart des Etats au sud du Sahara en général et le Tchad en particulier. Avec le concept de la mondialisation, le Tchad, ayant participé à plusieurs conventions et accords, a intégré ce principe dans ses textes. De l'analyse des données collectées, il ressort que les études d'impact environnemental et social ont été prises en compte dans les normes nationales et les attributions des institutions de l'Etat même si pratiquement des difficultés persistent.

3.1. La considération des Etudes d'Impact Environnemental et Social dans le cadre institutionnel et normatif au Tchad

Les EIES qui sont très importantes dans le processus actuel où la tendance est orientée vers le développement durable n'ont pas été perdues de vue par les institutions de la République du Tchad. Celles-ci sont prises en compte tant au niveau des institutions qu'au niveau des normes.

3.1.1. La prise en compte des Etudes d'Impact Environnemental et Social dans le cadre institutionnel au Tchad

Au Tchad comme dans la plupart des pays au monde, la constitution est placée au sommet de la hiérarchie des normes. Elle est la norme suprême de l'Etat. Etant donné qu'elle émane de la volonté populaire, elle ne peut souffrir d'illégalité. Ainsi, dans son titre 2 et aux Articles 47 et 48 du premier chapitre, elle reconnait que « *toute personne a droit à un environnement sain* » (Art 47) et que « *l'Etat et les collectivités territoriales décentralisées doivent veiller à la protection de l'environnement* » (Art 48, al. 1er). De ces dispositions, il ressort que le devoir de la protection de l'environnement revient tout d'abord à l'Etat qui l'exerce directement ou par délégation de pouvoir aux Collectivités Territoriales Décentralisées. L'exercice du pouvoir de l'Etat se fait à travers des normes ainsi que par des institutions. Ainsi, parmi les textes qui ont été élaborés à cet effet, il faut relever le rôle qu'a joué la Loi N°14/PR/98 du 17 aout 1998.

En effet, ce texte qui a marqué le fondement même de la protection de l'environnement en général et des EIES en particulier a consacré tout un Titre (Titre 6) à l'Evaluation Environnementale et les Plans d'Urgences. Selon cette loi en son Article 80, « *Lorsque des aménagements, des ouvrages ou des projets risquent, en raison de leur dimension ou de leur incidence sur le milieu naturel, de porter atteinte à l'environnement, l'administration peut imposer au pétitionnaire ou au maître de l'ouvrage, l'établissement d'une étude d'impact préalable permettant d'apprécier leur compatibilité avec les exigences de la protection de l'environnement*». Ce texte dans ses articles suivants a clairement décrit le procédé de réalisation de l'Etude d'Impact Environnemental (EIE), les composantes de l'environnement qui pourraient être affectées par le projet, la période de production de l'EIE, les conditions préalables à toute réalisation de l'EIE, les peines liées à sa non réalisation et les éléments qui doivent y ressortir. Elle a en outre ouvert une brèche nécessaire à des textes d'application qui viendront le compléter pour des domaines très spécifiques. Selon cette loi, « *Une fois que l'administration chargée de l'environnement a reçu l'étude d'impact et qu'elle l'a jugée recevable, après une contre-expertise, elle publie par voie d'annonce officielle sa décision et ouvre au public pendant quarante-cinq jours la consultation de ladite étude. Pendant cette période, elle tient à la disposition du public un registre permettant la consignation de toutes observations relatives au projet et à l'étude d'impact déposée. Les frais de publicité sont à la charge du demandeur* » (Art 87) et que « *lors de son analyse, l'administration chargée de l'environnement recueille l'avis des différents départements ministériels concernés par le projet*» (Art 88).

Par ailleurs, afin de traiter plus spécifiquement les EIE, le Décret N° 630/PR/PM/MEERH/2010 portant réglementation des Etudes d'Impact sur l'Environnement a été élaboré le 04 aout 2010. C'est un ensemble de 8 chapitres consacrés respectivement aux principes généraux des EIE, des organes de gestion des EIE, des modalités d'exécution et du contenu des EIE, de la consultation publique, des dispositions diverses, des dispositions répressives et des dispositions finales. C'est un texte consacré aux EIE au Tchad (Art 1er). Il a clairement ressorti la procédure de réalisation des EIE, les catégories d'activités ou projets soumis à la réalisation des EIE (Art 6 : « *les directives relatives à l'application du présent Décret détermine le champ d'application de la procédure permettant de sélectionner les projets sur la base des listes d'inclusion et d'exclusion correspondant aux trois(3) catégories suivantes : Catégorie A ; Catégorie B ; Catégorie C.* »),l'institution en charge des EIE est le Ministère en charge des questions Environnementales.

De surcroit, pour des questions d'uniformité et dans un souci de mieux orienter les acteurs des EIE, cette institution a procédé à l'élaboration d'un Guide général de réalisation d'une étude d'impact sur l'environnement a été élaboré (ARRETE N°039/PR/PM/MERH/DGE/DEELCPN/2012 du 29 novembre 2012). Selon ce texte, « *le guide des EIE comprends trois (3) parties distinctes :*

- la première partie situe la nature de l'étude d'impact en précisant succinctement ses caractéristiques ;
- la seconde partie décrit la démarche à suivre pour réaliser une étude d'impact. Cette démarche qui comporte six (6) étapes bien définies permet aux Maitres d'ouvrages de rassembler toutes les informations nécessaires à l'analyse d'un projet sur le plan environnemental ;

- la troisième et la dernière partie porte sur les modalités à suivre pour présenter l'étude d'impact au Ministère en charge de l'Environnement. Elle y précise la forme du rapport, rappelle la mise en garde relative aux renseignements confidentiels et les exigences en termes de nombre de copies que doit comporter le dossier pour les fins de l'analyse» (art 6).

Il faut aussi noter que la plupart des textes que nous avons pu consulter, qu'ils soient du domaine de l'eau (Loi n° 16/PR/99 portant Code de l'Eau), du foncier (Loi n° 23, 24, 25/PR/67 portant régimes fonciers au Tchad et leurs modalités de gestion), minier (Loi n° 11/PR/95 portant Code Minier)[10], pétrolier (Loi n° 006/PR/2007 portant Code Pétrolier) etc. font une référence expresse aux EIES. En somme, le parcours de ces différents textes sur l'environnement démontre la prise en compte des EIE quant à sa procédure de réalisation mais aussi de sa structure de gestion.

3.1.2. La prise en compte des Etudes d'Impact Environnemental et Social dans le cadre normatif au Tchad.

En effet, selon le Décret n° 003/PR/PM/2014 du 02 janvier 2014, Portant Structure Générale du Gouvernement et Attributions de ses Membres, la charge des questions environnementales revient au Ministère de l'Environnement et des Ressources Halieutiques (MERH). Selon l'Article 23 de ce Décret, « *le MERH est chargé de la conception, de la mise en œuvre et du suivi de la politique du gouvernement en matière d'environnement et des ressources halieutiques. A ce titre, il a la responsabilité des actions suivantes : restauration et sauvegarde de l'environnement....étude de l'impact environnemental des projets et programmes....* » (Article 23). Cela a été déjà consacré par la Loi N° 14/PR/98 dans son Article 85 qui précise que : « *Préalablement à l'accomplissement de toute étude d'impact requise au terme de la présente loi et de ses textes d'application, le pétitionnaire ou le maître de l'ouvrage communique à l'administration chargée de l'environnement un cahier des charges contenant des éléments qu'il compte développer dans l'étude d'impact*».

Pour être pratique et efficace, le MERH a créé dans son sein une institution spécifique aux EIE : la Direction des Evaluations Environnementales et de la Lutte Contre les Pollutions et les Nuisances (DEELCPN). Selon le Décret 1707/PR/PM/MERH/2014 portant organigramme du Ministère de l'Environnement et des ressources Halieutiques, la DEELCPN est chargée de : « *Mettre en œuvre la politique du Gouvernement en matière d'évaluations environnementales et de la Lutte contre les*

---

10 Article 66 de la LOI n° 11/PR/95 portant Code Minier « les activités régies par le Code Minier doivent être conduites de manière à minimiser leurs impacts négatifs sur l'environnement physique, les populations locales et les usages et coutumes ancestrales en contenant la pollution sous toutes ses formes, dans des normes acceptables ou prévues par le Code Minier et la législation sur l'environnement ».

pollutions et les nuisances; participer à l'élaboration de la politique, des stratégies et des plans d'action du Ministère en matière d'Evaluations Environnementales et de la Lutte Contre les Pollutions et les Nuisances; Superviser et valider les évaluations environnementales stratégiques, les plans de développement régionaux ou sectoriels ; Superviser et valider les études d'impact sur l' environnement des établissements classes, des programmes, aménagements, ouvrages et des projets ; Contrôler la gestion des déchets et les systèmes d 'assainissement, en collaboration avec les autres services concernés; Superviser la prévention et la gestion des risques et catastrophes naturelles avec les services concernés ; Coordonner les activités de l 'Unité Technique de Contrôle des Pollutions et des Nuisances; Coordonner les activités de la Cellule de Coordination des Accords, Protocoles, Traites et Conventions sous régionaux, régionaux et internationaux relatifs à la lutte contre les pollutions et les nuisances; Elaborer et mettre en œuvre un programme de recherche et de renforcement de capacité en matière d 'Evaluations Environnementales, de la Lutte Contre les Pollutions et les Nuisances, en collaboration avec les services concernés » (Article 14 Décret 1707/PR/PM/MERH/2014).

Ces attributions ont été complétées dans le Décret n° 630 portant Réglementation des EIE au Tchad. En effet, selon l'Article 9, la structure des études d'impact sur l'environnement est chargée de : « *examiner les demandes d'agrément des bureaux d'études ou des consultants nationaux ou internationaux ; tenir un répertoire des bureaux d'études et consultants agréés pour les études d'impact sur l'environnement ; organiser l'archivage des documents d' études d'impact sur l'environnement qui lui sont soumis ; approuver les termes de référence des études d'impact des projets soumis à la procédure d' études d'impact sur l'environnement, avant le démarrage de l'étude ; évaluer la recevabilité de l'étude d'impact ou de la notice d'impact sur la base de sa consistance technique ; évaluer les mesures proposées pour supprimer, réduire ou compenser les dommages sur l'environnement ; statuer sur la recevabilité du projet avec les exigences de la protection durable de l'environnement et avec les normes nationales ou à défaut international en vigueur ; donner un avis technique (rapport technique) sur le projet au Ministre en charge de l'environnement ; examiner et donner des avis sur les éventuelles réclamations ou oppositions des populations ou toute personne intéressée, à l'occasion des opérations de création ou d'extension de tout projet de développement ; s'assurer de la réalisation effective du suivi environnemental et des mesures préconisées, et évaluer leur efficacité*». Ainsi donc, la conduite des toutes les étapes des EIE et le suivi environnemental des mesures correctives est confié au Ministère en charge de l'environnement.

Figure 4 les acteurs intervenant dans le processus des EIES au Tchad

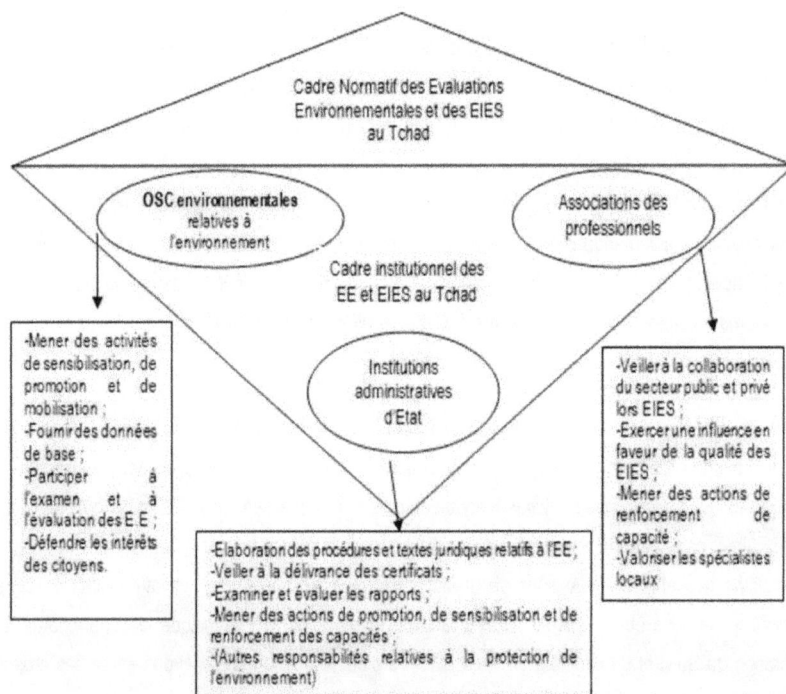

Cadre Normatif des Evaluations Environnementales et des EIES au Tchad

OSC environnementales relatives à l'environnement

Associations des professionnels

Cadre institutionnel des EE et EIES au Tchad

-Mener des activités de sensibilisation, de promotion et de mobilisation ; -Fournir des données de base ; -Participer à l'examen et à l'évaluation des E.E ; -Défendre les intérêts des citoyens.

Institutions administratives d'Etat

-Veiller à la collaboration du secteur public et privé lors EIES ; -Exercer une influence en faveur de la qualité des EIES ; -Mener des actions de renforcement de capacité ; -Valoriser les spécialistes locaux

-Elaboration des procédures et textes juridiques relatifs à l'EE ; -Veiller à la délivrance des certificats ; -Examiner et évaluer les rapports ; -Mener des actions de promotion, de sensibilisation et de renforcement des capacités ; -(Autres responsabilités relatives à la protection de l'environnement)

Source : D'ALMEIDA, 2001.

Il ressort clairement dans les différents cadres que les EIE ont été prises en compte toutefois quelques insuffisances ont été relevées.

3.2. Les lacunes du cadre légal des Etudes d'Impact Environnemental et Social au Tchad

Le cadre légal des EIE au Tchad a mis du temps à se concrétiser. En effet, il a fallu plusieurs tentatives de modélisation pour que l'institution chargée des questions environnementales soit créée. Celle-ci s'est attelée à élaborer des procédures permettant de régir les EIE qui sont d'une importance non moindre dans la vision mondiale de la protection de l'environnement face aux activités humaines. Toutefois, des insuffisances s'observent tant du point de vue institutionnel que normatif.

3.2.1. Les insuffisances liées au cadre institutionnel des Etudes d'Impact Environnemental et Social au Tchad

Selon les textes, l'institution en charge des questions environnementales en général et des EIE en particulier est le Ministère en charge de l'environnement. En effet, cette institution a été créée après plusieurs tentatives et fusion par le Décret n° 634/PR/PM/2008 sous l'appellation de Ministère de l'Environnement et des Ressources Halieutiques. Ainsi comme la plupart des autres institutions du Gouvernement, le MERH souffre des mêmes maux qui les rendent inefficace face à leurs attributions. Cela est dû surtout aux manques des moyens matériels, humains, financiers mais aussi techniques. Sur le plan financier, le budget attribué à cette structure est très insuffisant face au défi de la protection de l'environnement auquel est le monde confronté. Cette situation fait que le MERH ne contrôle pas vraiment les EIE le rendant impuissant face à certaines situations adéquates.

Par ailleurs, la protection de l'environnement au Tchad a longtemps été circoncise autour de la forêt, la faune et la pêche mais les questions des effets des activités humaines de développement ont longtemps été occultées avec pour conséquence le manque de personnels qualifiés dans différents domaines dont les EIE. Ainsi, cela joue sur le processus des EIE qui est mal maitrisé impactant sur la qualité des appréciations des études à elle soumise. Il faut aussi noter qu'une partie des attributions de cette institution se retrouve être exécutée par une autre institution (Comité Technique National chargé de l'élaboration du Suivi et du Contrôle de l'exécution du plan de gestion de l'environnement des projets pétroliers(CTNSC[11])) créant ainsi un conflit de compétence et une non maitrise mais aussi un manque de suivi des rapports d'EIE. En outre, les autres institutions qui interviennent dans les EIES n'ont pas tous en leur sein des environnementalistes pouvant mieux apprécier les impacts que pourraient causer certains projets et politiques de développement à l'environnement. Ils ne maitrisent pas la plupart du temps les étapes ou la procédure d'étude d'impact. Il faut aussi noter le nombre infime des Bureaux d'Etudes spécialisés dans le domaine des EIES. Cela est un frein à la qualité des rapports d'EIE proposés car il n'existe pas de compétitivité pouvant permettre d'éliminer ou d'écarter ceux qui ne produisent pas de bons rapports. En outre, ces difficultés ne se retrouvent pas non seulement au niveau institutionnel mais aussi réglementaire.

---

[11]Comité Technique National chargé de l'élaboration du Suivi et du Contrôle de l'exécution du plan de gestion de l'environnement des projets pétroliers a été créé par le Décret n° 298/PR/MTE/92 du 10 juillet 1997. Il s'agit d'un comité interministériel du Gouvernement tchadien responsable du suivi et du contrôle des impacts environnementaux et sociaux, L'activité de suivi et de contrôle vise à assurer la bonne mise en œuvre des activités de renforcement des capacités du Gouvernement à gérer et suivre le projet de Doba ainsi qu'à minimiser les éventuels impacts négatifs du projet sur la région productrice. Ces actions incluent également la réalisation de campagnes d'information, de communication et de consultation afin d'améliorer la qualité et la quantité d'information sur le projet pétrolier aux fins d'utilisation par le Gouvernement, les populations locales et les autres parties prenantes. (CTNSC, rapports d'activité)

3.2.2. Les carences du cadre normatif des Etudes d'Impact Environnemental et Social au Tchad

Le cadre normatif des EIE au Tchad est de loin le moins étoffé. En effet, étant un domaine récent dans les habitudes des acteurs de la protection de l'environnement, ce secteur se met en place lentement. Impulsé par la Banque Mondiale dans le cadre du projet d'exploitation du bloc pétrolier de Doba, les textes relatifs aux EIE en particulier présentent quelques insuffisances qui ont des influences non négligeables sur la conduite des EIE.

Pour ce qui est de la LOI N°14/PR/98 du 17 aout 1998, au titre 6 relative aux évaluations environnementales et les plans d'urgences, il faut ici noter que les dispositions répressives prévues ne sont pas assez dissuasives. Selon l'article 90, « *Toute personne qui aura méconnu l'obligation de production d'une étude d'impact requise au titre de la présente loi et de ses textes d'application sera punie d'une amende de 15.000 f à 20.000 f*». Le taux de l'amande est de notre point de vue très insignifiant du fait que la plupart des projets soumis à une EIE ont des budgets très élevés. Cela peut conduire le maitre d'ouvrage à ignorer l'étape de réalisation d'une EIE qui, par rapport à l'amende est très couteuse et préférer payer cette amande.

En outre, l'article 91 qui stipule que « *Toute personne qui aura sciemment fourni des informations qu'elle savait inexactes dans le cadre d'une procédure d'étude d'impact sera punie d'une amende de 15.000 FCFA à 20.000 FCFA*» est lui aussi d'une portée très négligeable car il n'est pas plus dissuasif pour contraindre les bureaux d'études, agréés par la structure en charge des questions environnementales, à fournir un rapport de qualité reflétant la réalité sur le terrain et non un rapport truffé d'informations erronées. Par ailleurs, une des composantes très nécessaire des évaluations environnementales des projets et programmes n'a pas été prise en compte dans ce titre 6. Il s'agit du Plan de Gestion Environnementale et Social (PGES). En effet, *le PGES est un document qui vise à décrire l'ensemble des mesures à prendre afin de vérifier les impacts sur l'environnement, de se conformer aux règlements, d'assurer le suivi de ses activités de gestion environnementale et d'atteindre ses cibles et objectifs environnementaux*(Mine Arnaud Inc.2012). C'est un document qui va permettre à la structure chargée des EIE (DEELCPN) de faire le suivi - évaluation environnemental du projet.

Par ailleurs, les autres acteurs qui sont les bureaux d'étude spécialisés en études d'impact environnemental sont très limités du pont de vue matériel et humain de qualité. Ceux-ci ne disposent pas des moyens matériels nécessaires pouvant leur permetre d'apprécier ou de réaliser un rapport d'étude d'impact de qualité. La plupart de ces bureaux ne dispose pas dans leur effectif, des spécialistes en étude d'impact ou des environnementalistes chevronnés pouvant maitriser tous les paramètres d'une EIE. Cela est la conséquence de l'inexistence d'un texte, fixant les préalables avant l'obtention d'un agrément et pouvant d'écrire clairement le profil et la composition du personnel des bureaux d'étude exerçant dans le domaine des Etudes d'Impact Environnemental et social.

En outre, le Décret n°630/PR/PM/2010 du 04 aout 2010 portant réglementation des études d'impact sur l'environnement ne traite pas explicitement le volet social des EIE. Dans ce sphère de mondialisation où le développement et surtout le développement durable rime avec l'environnement et le social, les normes pour la protection de l'environnement doivent inclurent le volet social qui, à notre point de vue exprime les besoins réels de la population. Ainsi, prendre en compte le volet social dans les EIE c'est satisfaire les besoins humains et répondre à un objectif d'équité sociale, en favorisant la participation de tous les groupes sociaux sur les questions de santé, logement, consommation, éducation, emploi, culture... c'est l'avis de plusieurs chercheurs dont Raufflet E. qui précise que «*des projets autorisés officiellement par les pouvoirs publics sont susceptibles d'être perçus comme non légitimes par les acteurs ou les communautés qui estiment ne pas obtenir leur part d'un projet, ou qui sentent que leurs préoccupations ne sont pas prises en considération par le promoteur ou l'opérateur du projet* »(VertigO 2014).

Le tableau suivant est l'illustration idéale de l'apport du public dans le processus d'EIES.

Tableau 2 Les objectifs principaux de la participation publique selon les phases de l'EIE avec exemples de dispositifs applicables

Phase	Objectifs principaux	Exemple de dispositifs
Tri préliminaire	Informer le public de l'intention de projet Stimuler un intérêt ou une mobilisation sociale	Avis public, rencontres d'information, portes-ouvertes
Cadrage	Définir les enjeux du projet Accroître la concordance entre les demandes d'études et les études réalisées Intégrer la connaissance locale ou régionale dans les exigences d'étude	Groupes de discussion, consultations et recueil d'avis ou de commentaires
Réalisation de l'ÉIE	Acquérir de l'information de nature scientifique, vernaculaire ou traditionnelle Évaluer la signification des incidences pour les différents publics Intégrer des mesures qui répondent aux préoccupations et aspirations des acteurs	Enquête, groupes de discussion, présentation publique, co-rédaction du rapport
Examen	S'assurer de l'intégration des préoccupations et aspirations des acteurs dans le rapport et / ou dans la décision	Consultation publique, séance d'information, enquête publique, atelier de restitution
Décision	Rendre compte de la décision Partager la décision	Modèles de cogestion

Surveillance et suivi	S'assurer de la performance de la mise en place du plan de gestion environnementale et sociale par rapport aux engagements du promoteur	Comités de surveillance ou de suivi, mise à disposition publique des rapports, panel d'inspection

Source : Institut de la Francophonie pour le Développement Durable, 2003

L'acceptabilité sociale est le plus souvent associée à des entreprises opérant dans les industries extractives, industrielles et des travaux publiques qui, par la nature de leurs activités, sont susceptibles de générer des nuisances environnementales ou de voisinage avec les communautés locales[12]. Selon Raufflet E., dans son article « *De l'acceptabilité sociale au développement local résilient* », cette notion a émergé en raison de deux facteurs structurels. *Le premier a trait aux limites observées de la licence légale d'opérer des entreprises. Par licence légale, nous entendons les permis et autorisations octroyées par des gouvernements nationaux et provinciaux à des entreprises privées ou publiques pour l'exploration, l'exploitation et la transformation de ressources naturelles. Cependant, ces autorisations officielles ne constituent pas des garanties suffisantes pour la légitimité de ces activités.* De surcroit, « *il arrive que les coûts et les externalités soient inégalement répartis entre les acteurs locaux, en particulier les groupes les plus vulnérables tels que les populations autochtones et rurales ou les femmes. Parmi les externalités habituelles, nous retrouvons les impacts de l'extraction sur la qualité de l'environnement à partir desquels certaines communautés tirent leurs moyens de subsistance, les impacts sociaux de cette activité (par exemple, les déplacements massifs) et la perte permanente de matières premières non renouvelables* » (Jenkins, 2004) ».

Ainsi, même si le Décret n°630/PR/PM/2010 ne fait pas référence au volet social dans ses dispositions, il doit ouvrir une brèche à un texte d'application pouvant traiter ce domaine dans son ensemble afin d'éviter d'éventuelles contestations. Outre cela, nous notons que les textes régissant les EIES n'ont pas prévu des dispositions relatives aux barèmes de compensation des victimes (qui subissent les conséquences positives ou négatives du projet) d'expropriation, de destruction, de modification et autres de la réalisation d'un projet ou d'une exploitation touchant à leur domaine.

---

[12]Afin d'optimiser la prise en compte des aspects sociaux et de sécurité pour des infrastructures respectueuses des principes du développement durable, il convient de : impliquer les populations affectées par les projets dans la prise des décisions de conception afin d'optimiser l'appropriation des infrastructures par ces dernières; promouvoir la culture d'une bonne gestion et bon usage du bien public; instaurer dans l'accompagnement des projets routiers une politique d'éducation environnementale aux employés des chantiers et aux populations riveraines, afin de leur inculquer une meilleure gestion de leur cadre de vie en général; renforcer les actions de lutte contre la pauvreté par la conclusion de contrats de sous-traitance entre l'entreprise attributaire et les populations locales(YONI Emmanuel, Routes et développement durable, rôle des études d'impact sur l'environnement. Cas du programme sectoriel des transports PST- 2 du Burkina Faso, Master en développement : spécialité gestion de l'environnement 2009, 54p)

Par ailleurs, les lacunes observées ne se résument pas seulement au niveau du cadre légal des EIE mais aussi se retrouvent dans la conduite des EIE au Tchad.

3.3. Les lacunes liées à la pratique des Etudes d'Impact Environnemental et Social au Tchad

L'Étude d'Impact Environnemental et Social (EIES) est une étude qui vise à évaluer les effets d'une activité donnée sur l'environnement naturel et humain et à proposer des mesures ou actions en vue de faire disparaître, réduire ou atténuer les effets néfastes et bonifier les effets positifs. Ainsi afin de mieux refléter l'objectif de la protection de l'environnement, elle doit être conduite selon les normes en vigueur et les règles de l'art. Bien illustrées dans les normes de la République, la mise en œuvre des EIES fait face à des carences liées à une mauvaise interprétation des textes engendrant une multiplicité des institutions de régulation des EIES mais aussi à la faible implication de la société civile.

3.3.1. La pluralité des institutions de régularisation des EIES au Tchad

Considéré comme le précurseur de la protection de l'environnement au Tchad, la Loi N°14/PR/98 du 17 aout 1998 définissant les principes généraux de la protection de l'environnement, traitant des Etudes d'Impact sur l'Environnement des ouvrages et projets, a confié sa gestion à l'administration chargée de l'environnement (Article 82 alinéa 2). Cependant, dans la pratique, on remarque que cette attribution n'est pas seulement exercée par l'administration en charge de l'environnement qui n'est autre que le Ministère de l'Environnement et des Ressources halieutiques mais aussi par les autres institutions. En effet, plusieurs Ministères ont créé en leurs seins soit des cellules environnementales ou des divisions qui sont chargées des questions environnementales. Ainsi, toutes les questions environnementales liées aux projets de développement relative à leurs attributions sont directement étudiées par elles sans que l'institution en charge de l'environnement, régulièrement désignées n'en soit informée. Cette situation s'observe dans plusieurs institutions ministérielles dont le Ministère des Infrastructures et des Transports et le Ministère de l'Energie et Pétrole qui retiendront notre attention.

Pour ce qui est du Ministère des Infrastructures et des Transports, il a créé en son sein une Cellule Environnement et Sécurité Routière (CESR). Cette cellule chargée de suivre quotidiennement la réalisation des projets, d'œuvrer à l'intégration des questions environnementales dans les activités du département mais aussi de jouer le rôle de courroie de transfert entre cette institution et le MERH sur les questions environnementales. Or, elle s'est substituée à ce dernier. En fait, la CESR octroie des agréments aux bureaux d'études dans le cadre de la réalisation des études d'impact des projets de construction de bâtiments et travaux publiques[13]. Elle valide les TDRs pour la réalisation des Etudes d'impact environnemental et dirige toutes les étapes des EIE prévues par les normes en vigueur au Tchad (examen de l'EIE, coordination de la consultation publique, organisation de la validation de l'EIE, suivi environnemental etc.). Toutes ces attributions sont exercées illégalement par cette cellule. Normalement, après réception des documents des projets, la CESR devrait les transférer au Ministère en charge de l'environnement, tout en y être associé, pour respecter la procédure d'EIES, car elle n'a pas les capacités humaines et techniques nécessaires.

Pour ce qui est du Ministère de l'Energie et du Pétrole, qui dispose en son sein d'une division chargée des questions environnementales liées aux projets d'exploration et d'exploitation minières et pétrolières, il n'est pas exempt de cette pratique. En effet, la structure chargée des questions environnementales a pour responsabilité de recevoir les documents des projets miniers et pétroliers et de les transférer pour avis et procédures liées aux questions environnementales du projet à l'institution en charge de l'environnement afin de respecter les procédures d'Etude d'Impact Environnemental. Cependant, en plus qu'elle coordonne et conduit la procédure d'EIE, cette structure assure à elle seule l'organisation des consultations publiques en matière d'Etudes d'Impact sur l'environnement. Or, selon l'Article 27 du Décret N° 630/PR/PM/MERH/2010 réglementant les Etudes d'Impact sur l'Environnement et l'Arrêté N° 041MERH/SG/CACETALDE/2013, Portant réglementation des Consultations Publiques en matière d'Etudes d'Impact sur l'Environnement sont du ressort du Ministre en charge de l'environnement[14].

Il faut aussi noter que le MERH ne maitrise pas avec exactitude le nombre des Bureaux d'Etude spécialisés dans le domaine des Etudes d'Impact Environnemental car ces deux institutions leurs octroient aussi des agréments à son insu. Ceci porte un coup à l'image du MERH lorsque des impacts négatifs apparaissent au cours de l'exécution de ces différents projets.

Par ailleurs, pour des questions politiques et de la priorité nationale, un certain nombre de projet ne respectent pas la procédure normale des Etudes d'Impact sur l'Environnement. Par conséquent, cette situation met le Ministère de l'Environnement et des Ressources Halieutiques dans une situation délicate. Non seulement les rapports d'étude d'impact sont élaborés en méconnaissance de la procédure habituelle, mais leur validation aussi est faite sans une étude approfondie. Cela ne permet pas de

---

[13] Une liste des bureaux d'études agréées est établie et mise à jour chaque année par les services des travaux publiques et publiée sur le site du Ministère des Infrastructures et des transports
[14]L'autorité responsable de la procédure de Consultation Publique est le Ministère en charge des Etudes d'Impact Environnemental (Article 12 de l'Arrêté N° 041MERH/SG/CACETALDE/2013, Portant réglementation des Consultations Publiques en matière d'Etudes d'Impact sur l'Environnement)

desceller les éventuels manquements pouvant engendrer des conséquences à l'environnement et à l'homme. L'objectif premier de l'EIES est l'évaluation et l'optimisation - environnementale et sociale - d'un projet, l'analyse des variantes du projet, l'identification et la qualification des impacts positifs et négatifs, la définition de mesures d'atténuation et de suppression des impacts. L'EIES a également pour but l'information et la consultation du public, ainsi qu'une meilleure acceptation du projet retenu par la population. Partant de ce fait, la DEELCPN est amenée à valider ces rapports d'études tout en émettant des réserves qui généralement ne sont jamais prises en compte.

En somme, la multiplicité des institutions de régulation des Etudes d'Impact Environnemental et Social aux Tchad ne constitue pas à elle seule la carence liée à la pratique des EIE car à ses côtés cohabitent l'engagement légère de la société civile avec un faible niveau de la capacité nationale en matière d'EIES.

3.3.2. Un engagement mitigé de la société civile et une faible capacité nationale en matière d'Etudes d'Impact Environnemental et Social.

Le terme "Société Civile" inclut un large nombre d'organisations formelles et informelles créées volontairement par des citoyens. Les Nations unies désignent souvent par société civile comme «*un large éventail d'organisations non gouvernementales et à but non lucratif qui animent la vie publique, et défendent les intérêts et les valeurs de leurs membres ou autres, basés sur les considérations d'ordre éthique, culturel, politique, scientifique, religieux ou philanthropique : groupements communautaires, organisations non gouvernementales (ONG), syndicats, organisations de populations autochtones, organisations caritatives, groupements d'obédience religieuse, associations professionnelles et fondations privées.*»(Groupe de la Banque Mondiale, 2011).Cette définition exhaustive est largement acceptée dans le monde des praticiens du développement.

Longtemps sous le joug de la dictature et des conflits armés, même si dans les premières années des indépendances on a assisté à un début éphémère, le Tchad a vu naitre les premières organisations de la société civile que dans les années 1991 avec l'avènement de la démocratie qui a favorisé l'émergence de l'espace démocratique, avec la mise en place des instruments juridiques favorables à des libertés fondamentales dont les libertés d'association, reconnu par le nouveau gouvernement. A partir de cette période, on a assisté à une éclosion des associations de la société civile.

Toutefois, il faut remarquer que, malgré le nombre croissant de ces organisations, la plupart militent dans le domaine de la défense des droits de l'homme, la protection des intérêts communs avec des objectifs divers, y compris les organisations de femmes et de jeunes, le développement et/ou l'aide humanitaire etc. Très peu s'intéressent aux questions environnementales en général et des EIES en particulier. Sauf le Groupe de Recherche Alternatives et de Monitoring du Projet Pétrole Tchad-Cameroun (GRAMP/TC) et certains groupes d'Organisation de la Société Civile (OSC) telles que la Commission Permanente Pétrole Local du Logone (CPPL), etc. informent régulièrement les communautés touchées par l'industrie pétrolière et leur apprennent à défendre leurs droits et à surveiller les dépenses publiques et les activités de leurs collectivités locales. Ils élaborent, par exemple, des documents d'information sur les budgets et les marchés publics qui sont adaptés à un public local, et mettent en place des mécanismes permettant de communiquer les préoccupations des communautés locales aux autorités gouvernementales compétentes. Toutefois, ces OSC ne sont associées qu'en aval du projet et non en amont afin que leurs avis soient pris en compte car avec la mondialisation qui exige pour tout développement que les projets soient conçus dans le respect des principes du développement durable[15], incluant tous ses aspects (l'économie, l'environnement et le social).

Cette situation est la conséquence de la faiblesse de ces OSC. Cette faiblesse est due, le plus souvent, à la capacité financière, humaine et matérielle. En effet, en termes de ressources financières, les organisations de la société civile au Tchad sont largement tributaires des bailleurs de fonds internationaux et non des contributions monétaires de leurs membres ou des bénéficiaires. Ce facteur limite la planification des programmes et la représentation géographique, d'autant plus que le coût des opérations au Tchad est très élevé. Le fait de profiter du soutien d'un principal bailleur de fonds étranger permet de se protéger contre les représailles du gouvernement, mais il peut aussi se traduire par « *un manque d'indépendance et de capacité à s'exprimer en toute confiance sur des questions importantes dont la protection de l'environnement en est une* » (Counterpart International, 2010).

De même, la plus part de ces Organisations de la Société Civile font face au manque de professionnalisme au sein de la plus grande majorité de leur personnel. En effet, la majorité de ceux-ci ont une connaissance très limitée de leur rôle car ils sont pour beaucoup des bénévoles n'ayant à peine des connaissances des principes de protection de l'environnement en général et des Etudes d'Impact Environnemental et Social en particulier. Cette situation est aggravée par le renouvellement de ces équipes, mais aussi un manque d'engagement de leur part. Ce qui affaiblit la mémoire institutionnelle au sein des OSC.

---

[15]Selon le «rapport Brundtland», le développement durable est donc un développement «qui répond aux besoins du présent sans compromettre la capacité des générations futures à répondre aux leurs». La question d'équité inter-générationnelle est donc au cœur de la notion. La durabilité sous-entend de léguer à nos enfants un monde semblable ou meilleur que celui dont nous avons hérité des générations précédentes. Autrement dit, nous devons vivre des intérêts et ne pas toucher au capital.

Il faut aussi noter que les difficultés financières auxquelles sont confrontées les Organisations de la Société Civile font que ces derniers n'arrivent pas à se doter des moyens matériels pouvant leur permettre de jouer pleinement leur rôle. Ceci les contraint à limiter leur champ d'intervention qui ne se résume que dans les grandes agglomérations mais aussi d'assurer un suivi efficace des projets et programmes de développement car l'existence de sections ou d'autres mécanismes pour appuyer les opérations dans les régions éloignées ou rurales est à la fois très variable et dépend entièrement de la disponibilité des ressources financières et humaines[16]. A cette difficulté s'ajoute celle de la compétence nationale en matière d'Etude d'Impact Environnemental et Social.

En effet, la faiblesse de la capacité nationale en matière d'EIES au Tchad est liée non seulement à l'institution chargée de conduire les EIES mais aussi aux structures qui élaborent les EIES. Le MERH qui est l'institution en charge des questions environnementale éprouve des difficultés sur le plan matériel, financier et humain nécessaires à l'exercice de ses attributions. La DEELCPN en charge des EIES ne dispose pas des outils essentiels lui permettant de suivre le processus des EIES conformément aux textes régissant ce secteur. Elle ne dispose pas de locaux vétustes pouvant abriter tous ses services et favoriser une cohésion dans l'exécution des tâches quotidiennes et son bon fonctionnement. Par ailleurs, cette structure fait face aussi au manque des moyens logistiques pour le suivi des activités tant au niveau central que déconcentré, au manque d'équipements bureautiques et techniques (laboratoire d'analyse, matériels informatique etc.) pouvant lui permettre d'automatiser les activités de bureau et principalement le traitement des informations et avoir une base de donnée de référence.

En plus de ces difficultés, cette structure fait face au manque de moyens financier pouvant contribuer à la réalisation de ses activités. Selon l'article 18, al 4 « *le dossier de demande visé à l'Article 7 ci-dessus doit comprendre…..une quittance de paiement de la redevance d'instruction, dont le montant est fixé par la loi des finances*». Or, en réalité, cette somme, qui servira à l'examen des TDR et du rapport d'étude d'impact, n'est pas versée à cette structure, impactant ainsi la conduite de ses activités en rapport avec les Etudes d'Impact Environnemental. A cela s'ajoute l'insuffisance du budget de fonctionnement alloué au ministère en charge de l'environnement en général et à la direction en charge des EIES en particulier qui ne favorise pas un bon fonctionnement d'une institution car celle-ci ne pourra pas réaliser toutes les

---

[16]Une OSC tchadienne éminente et bien établie peut généralement bénéficier d'un financement des bailleurs de fonds internationaux et compter 15 à 25 salariés ; elle peut disposer d'ordinateurs dans un espace de bureau exigu alimentés par des générateurs ronronnant sans arrêt. Environ 10-15organisations opèrent à ce niveau dans la capitale et une poignée d'autres basées dans d'autres grandes villes. Par contre, les OSC les moins bien établies en milieu urbain auraient un personnel rémunéré de 2-4 personnes, qui travaillent dans des locaux mal meublés, avec ou sans matériel de bureau, sans accès régulier à l'Internet et disposant d'une provision d'électricité sporadique. (PETRY Martin et NAYGOTIMTI BAMBE, Le pétrole du Tchad - Rêve ou cauchemar pour les populations ? Karthala 2005 13p)

activités qu'elle a planifiées. Enfin, le parcours des rapports d'activité annuels de la Direction nous fait savoir que la Direction fait face à un manque de personnel qualifié pouvant lui permettre de fournir un résultat selon ses attributions. La qualité est devenue une variable essentielle dans toutes les stratégies compétitives. Elle permet à une institution ou entreprise d'assurer sa rentabilité et de consolider sa position sur l'échiquier national.

En définitif, l'étude du cadre institutionnel et normatif des Etudes d'Impact Environnemental et social nous a permis de déceler ses forces et faiblesses dans sa conception mais aussi sa mise en œuvre. Il nous parait nécessaire de le renforcer et le corriger pour une bonne protection de l'environnement dans lequel nous vivons. Le tableau suivant les résume si bien.

Tableau 3 Récapitulatif des forces, faiblesses, menaces ou opportunités

1- Analyse FFOM du cadre normatif

Forces	Faiblesses
<ul><li>Existence des lois précisant les EIES (Loi 14/98, Loi 11/95, Loi 006/2007)</li><li>Existence des textes d'application des lois (Décret 630/2010, Décret 298/97)</li><li>Ratification des normes internationales liées aux EIES (les normes issues de la conférence de Rio)</li></ul>	<ul><li>Non prise en compte du volet social (compensation ou de réinstallation)</li><li>Non prise en compte des PGES</li><li>Faiblesse des dispositions de répression</li><li>Manque de définition des profils des professionnels (capacités humaines et techniques des bureaux d'études)</li></ul>
Opportunités	**Menaces**
<ul><li>Processus d'harmonisation des normes sous régionales</li><li>Volonté nationale pour le renforcement des capacités des normes</li><li>Dynamique mondiale pour le développement durable (fonds verts)</li></ul>	<ul><li>Politique de priorisation nationale</li><li>Instabilité gouvernementale</li></ul>

2- Analyse FFOM du cadre institutionnel

Forces	Faiblesses
▪ Existence des institutions en charge des EIES (MERH, DEELCPN, CTNSC) ▪ Présence des acteurs privés (Bureaux d'études), OSC, ONG	▪ Conflits de compétence ▪ Insuffisance de personnels qualifiés en EIES ▪ Manque de suivi des rapports d'EIES
Opportunités	**Menaces**
▪ Présence d'une organisation sous régionale (CEMAC) ▪ Volonté nationale pour le renforcement des capacités des institutions ▪ Dynamique mondiale pour le développement durable (FEM, PNUE) ▪ Existence des institutions de développement rural	▪ Politique de priorisation nationale ▪ Instabilité gouvernementale

Les conclusions de notre analyse du cadre institutionnel et normatif des EIES au Tchad nous ont révélé que ce cadre présente des forces, faiblesses, opportunités et menaces. Toutefois, pour son amélioration, nous proposons des pistes de solution pouvant nous permettre de positiver les menaces et les faiblesses.

IV. LES POSSIBILITES D'AMELIORATION DU CADRE INSTITUTIONNEL ET NORMATIF DES ETUDES D'IMPACT ENVIRONNEMENTAL ET SOCIAL AU TCHAD

En tant qu'instrument scientifique, les EIES permettent d'identifier, de prévoir et d'évaluer les conséquences dommageables sur l'environnement des projets de développement, de constructions et d'éviter la dégradation de l'environnement au départ d'un développement économique. S'inscrivant dans cette lignée, le Tchad a intégré ce principe dans son cadre institutionnel et normatif afin de lui permettre de protéger efficacement son environnement. Afin de consolider et d'améliorer les différents paramètres de ce cadre pour une bonne efficacité, il sera nécessaire de renforcer le cadre institutionnel et normatif des EIES au Tchad, la création de l'Agence tchadienne des évaluations environnementales et suivront les recommandations.

4.1. L'enrichissement du cadre institutionnel et normatif des Etudes d'Impact Environnemental et Social

Le cadre institutionnel des EIES au Tchad présente quelques lacunes pouvant influencer son éclosion qu'il est indispensable de corriger. Ainsi, il sera question de renforcer les capacités de ces institutions et normes mais aussi mettre sur place une agence nationale pour les évaluations environnementales.

4.1.1. Le renforcement des capacités des institutions intervenant dans le domaine des Etudes d'Impact Environnemental et Social

Le renforcement de capacité des institutions intervenant dans le domaine des EIES permettra d'augmenter positivement leur prestation et à les cadrer avec le milieu qui est de plus en plus évolutif et exigeant. Il s'articulera principalement sur les capacités humaines, matérielles et financières.

En ce qui concerne les ressources humaines, il leur faut un renforcement de capacité pouvant leur permettre de maitriser les paramètres d'un EIES car beaucoup d'entre eux n'ont aucune notion sur cette discipline. Ainsi, pour le personnel actuel de l'institution en charge des EIES, un programme de recyclage sur le processus de réalisation et le suivi d'une EIES pourra favoriser leur compréhension des questions environnementales en général et des études d'impact en particulier car la formation du personnel est un investissement. Elle permet à l'institution d'accroître les compétences et la productivité de son personnel tout en augmentant la qualité de son rendement. Elle est une activité à valeur ajoutée qui favorise l'adaptation et la flexibilité des individus face au défi à relever. A l'instar de des institutions étatiques impliqué dans les EIES, les associations des professionnels en EIES du privé c'est-à-dire les Bureaux d'Etude doivent, eux aussi, renforcer les capacités de leur personnel avec des compétences en rapport avec les dispositions des textes régissant les EIES au Tchad[17] ; veiller à la collaboration du secteur public et privé lors EIES ; exercer une influence en faveur de la qualité des EIES ; mener des actions de renforcement de capacité et valoriser les spécialistes locaux.

En sus du recyclage du personnel, il sera nécessaire d'intégrer ou d'affecter un personnel qualifié dans le domaine des évaluations environnementales en vue d'un fonctionnement efficace de la structure et la préservation de l'environnement.

Par ailleurs, pour ce qui est des capacités matérielles de l'institution de régulation des EIES, il est indispensable de la doter des moyens logistiques et bureautiques pour le suivi des activités en rapport avec la protection de l'environnement en général et des évaluations environnementales en particulier. La protection de l'environnement face aux activités anthropiques est devenue de nos jours une préoccupation mondiale. Pour réaliser cet objectif, il faut non seulement des moyens humains et matériels mais aussi des moyens financiers. Comme nous l'avons signalé tout haut, le Ministère en charge de l'environnement fait face à une insuffisance de moyens financier pour la réalisation de ses activités. Ainsi, pour que cette institution arrive à assurer cette tâche tant importante, il est capital de la classer parmi les institutions prioritaires en la dotant des moyens financiers conséquents pouvant lui permettre d'honorer ses obligations car la « *la rentabilité est le rapport d'un résultat et des ressources engagées pour l'obtenir* » (Silem et al. 1989), Plusieurs études ont démontré que si une institution réunit ces différent cirières, elle peut atteindre ses objectifs. La performance d'une institution est mesurée essentiellement par l'autosuffisance financière et opérationnelle ainsi que par la réalisation d'une rentabilité maximisant l'efficacité et la productivité du personnel (Adair et al. 2010).

Le renforcement de capacité sera aussi orienté vers la société civile afin de lui permettre de jouer pleinement son rôle d'avocat pour la représentation des intérêts de ses membres, de prestation de services au niveau local dans les domaines de l'éducation, de la santé, de l'assainissement, de partenaire du gouvernement dans la planification du développement, la mobilisation des ressources et la promotion d'une meilleure compréhension du système de décentralisation et une fonction de surveillant de l'activité gouvernementale (Togola et al 2007). En somme, toutes ces suggestions peuvent favoriser l'amélioration du cadre institutionnel des EIES au Tchad.

---

[17]L'Article 16 du Décret 630/PR/PM/MEERH/2010 précise que « Afin de garantir la qualité des études, les bureaux d'étude sont agrées par le Ministre en charge de l'environnement dans les domaines de compétences qui leur sont propres pour une période de cinq ans renouvelables. La responsabilité civile du bureau d'étude est engagée vis-à-vis de l'autorité compétente. L'agrément peut être retiré si le bureau d'étude produit trois (03) études dont les qualités sont jugées médiocres. Les conditions et les modalités d'agrément des bureaux d'étude sont déterminées par un arrêté ministériel ». Signalons que l'arrêté est même finalisé et attend la signature du ministre.

4.1.2. **L'enrichissement des normes relatives aux Etudes d'Impact Environnemental et Social au Tchad**

Afin d'éviter que l'environnement soit réduit à néant et pour préserver la survie de l'humanité, les législateurs ont prévu dans l'élaboration des normes régissant la vie en société des mesures tendant à prévenir la dégradation de ce milieu. Au Tchad, ces dispositions ont présenté des lacunes, qui sont non de moindre, mais préjudiciables à la protection de l'environnement. Ainsi, pour une amélioration de ce cadre, les mesures suivantes sont préconisées :

Pour ce qui est des dispositions de la Loi N°14/PR/98 du 17Août 1998 définissant les principes généraux de la protection de l'environnement, particulièrement le titre traitant des évaluations environnementales, nous suggérons aux législateurs sa mise à jour en prenant en compte un des volets des évaluations environnementales qui est le Plan de Gestion environnementale qui est un modèle de gestion appliquée et intégrée à l'ensemble des phases d'un projet et permet de mettre en œuvre toutes les mesures nécessaires pour maîtriser les impacts répertoriés sur l'environnement et la société (Benabidès, 2011).

Par ailleurs, partant de l'intérêt social supérieur que présente aujourd'hui le droit de l'environnement, une protection pénale digne du rang constitutionnel doit être consacrée « *car les atteintes à l'environnement présentent dans la majeure partie des cas un caractère d'irréversibilité, la répression paraît privilégier en ce domaine la régularisation de la situation à laquelle l'acte délictueux a apporté un dommage* » (Jaworski, 2009). Ainsi, les dispositions des Articles 90 et 91 de cette Loi relative aux sanctions sous forme d'amande soient améliorées pour qu'elles soient conséquentes et dissuasives et adaptées à la problématique environnementale mais aussi d'inclure aussi le volet pénal des atteintes graves à l'environnement à l'exemple du Droit de l'environnement français avec l' Ordonnance n° 2000-914 du 18 sept. 2000 relative à la partie Législative du code de l'environnement qui a mis en place un dispositif pénal quant aux actes de délinquance écologiques incriminés.

En ce qui concerne le Décret N°630/PR/PM/MEERH/2010 Portant réglementation des études d'impact sur l'environnement, nous proposons la prise en compte du volet social des impacts des programmes et projet de développement dans les EIE car les différents éléments de l'environnement ont chacun des valeurs (valeur de legs, valeur d'existence, valeur d'option, valeur économique...) qui leurs sont attachées et méritent beaucoup d'égard en terme de coûts qui doivent leur être affectés. Cela passera par l'élaboration ou l'harmonisation des gilles de compensation ou d'indemnisation des victimes directes et indirectes des impacts de ces activités de développement qui est pratiquées par les partenaires qui font les études d'impact (ESSO. TCHAD, CNPCIC etc.). Pour cela, le législateur tchadien doit élaborer une norme, quel qu'en soit son statut, pouvant permettre à chacune des parties de trouver non seulement son compte mais un barème adapté au contexte actuel qui doit se référer nécessairement à l'équilibre entre la satisfaction des besoins socio-économiques de la population et la préservation de l'environnement. Cela se fera avec l'élaboration d'une norme (Loi, Décret, Arrêté etc.) qui prendra en compte les avis des populations et des OSC environnementales afin de les harmoniser pour proposer une grille de compensation acceptable par tous et pouvant satisfaire les personnes touchées par les activités liées aux projets de développement ;

Afin de permettre à l'institution en charge des Evaluations environnementales de disposer des ressources financières nécessaires à l'exécution de ses tâches liées aux EIES, nous proposons l'élaboration d'une norme relative aux modalités de réalisation des études d'impact environnementales et sociales qui fixera le taux des frais relatifs à l'examen des dossiers des termes de références et des rapports d'études d'impact environnemental et social.

4.2. La création d'un Bureau National des Evaluations Environnementales (BNEE)

La création d'une institution spéciale qui sera chargée des évaluations environnementales est la conséquence de la multiplicité des institutions étatiques intervenant dans le processus des EIES au Tchad. Elle sera à l'exemple de ceux existant dans plusieurs pays ayant une expérience dans ce domaine comme en Côte d'Ivoire et au Benin[18]. Elle permettra d'améliorer l'efficacité du secteur des évaluations environnementales en général et des études d'impact environnemental et social en particulier.

Ainsi, le Bureau National des Evaluations Environnementales (BNEE) qui sera un organe national pour la prise en compte des préoccupations environnementales et sociales dans les projets et programmes de développement sera rattaché au Ministère en charge de l'environnement. Il aura pour mission d'apprécier la régularité des rapports des études d'impact et des conséquences d'un projet sur tous les aspects de l'environnement en contrôlant la conformité des travaux prévus et des normes de protection environnementale et sociale contenues dans le rapport final de l'évaluation environnementale et sociale conformément aux lois et règlements en vigueur, de donner son avis sur les rapports d'études d'impact, d'organiser et superviser le processus de validation des rapports d'études d'impact, d'organiser et de superviser le processus de la Consultation Publique afin de recueillir les avis des populations locales ainsi que ceux d'autres institutions et agences nationales, régionales ou locales concernés.

---

[18] La cote d'ivoire a mis en place Le bureau d'Études d'Impact Environnemental en 1996 au sein du Ministère chargé de L'Environnement et le Benin a créé l'Agence Béninoise de l'Environnement (ABE)

Il proposera à la signature du Ministre chargé de l'Environnement le certificat de conformité environnementale et sociale, pour la réalisation du projet, activité ou programme concerné. De surcroit, il sera en charge des audits environnementaux et sociaux, de surveiller, de suivre et d'évaluer les différents plans issus de l'évaluation environnementale et sociale des activités, des projets, des programmes et des plans de développement qui y sont assujettis ; de faire respecter la procédure administrative d'évaluation et d'examen des impacts sur l'environnement et le règlement de toutes les questions juridiques y afférentes c'est-à-dire le suivi et le contrôle de l'exécution du plan de gestion de l'environnement des programmes et projets notamment des aspects socio-économique, sanitaire et économiques, le suivi et le contrôle des mesures d'atténuation des impacts précités, notamment les compensations, les réparations, les indemnisations et les réinstallations des populations affectées, en conformité avec les normes et pratiques internationales (d'ALMEIDA, 2001).

Le BNEE animera des séminaires ateliers de formation, d'information et de sensibilisation sur l'évaluation environnementale et sociale ainsi que des programmes d'éducation relative à l'environnement afin de favoriser l'accaparement de cette notion par les différentes couches sociales du pays.

Le Bureau National des Evaluations Environnementales sera une structure interministérielle qui favorisera la concertation entre les différents ministères au sujet des EIES. Il assurera la participation active de plusieurs départements ministériels au processus de l'EIE et réunira les compétences très diverses nécessaires pour examiner de manière efficace les EIE et incitera les différents départements ministériels à prendre en compte l'environnement dans leurs politiques, programmes et décisions.

Pour la réalisation de ses attributions, le BNEE sera composé de :

- cadres du Ministère en charge de l'environnement plus particulièrement ceux de la Direction en charge des évaluations environnementales qui feront office de secrétariat du BNEE ;
- un représentant du Ministère en charge de l'Energie et du Pétrole ;
- un représentant du Ministère en charge de l'agriculture et de l'irrigation ;
- un représentant du Ministère en charge des infrastructures et des transports ;
- un représentant du Ministère en charge de l'urbanisme, de l'habitat, des affaires foncières et des domaines;
- un représentant du Ministère en charge de l'aménagement du territoire, de la décentralisation et des libertés locales ;
- un représentant du Ministère en charge de l'hydraulique rurale et urbaine ;
- un représentant du Ministère en charge des mines et de la géologie ;

- un représentant du Ministère en charge de la santé publique
- un représentant des Organisations de la Société Civile.

Notons que tous ces représentants de ces institutions ne siègent en permanence. Ils ne siègent que lorsque le document à étudier est en rapport avec les attributions de leur institution d'origine. Cela permettra d'éviter que chaque représentant défende les intérêts de son institution de provenance.

Par ailleurs, pour des questions d'efficacité et de productivité, tous les représentants de ces institutions associées doivent nécessairement être des environnementalistes. Toutefois, le BNEE peut faire appel à toutes autres compétences en rapport avec les projets qui lui sont soumis. Les cadres de la Direction en charge des évaluations environnementales feront office de superviseurs dans le cadre des Plans de Gestion Environnementales et Sociales des programmes et projets.

De surcroit, cette institution sera dotée des ressources financières et d'une autonomie de gestion pouvant lui permettre de remplir correctement ses objectifs.

4.3. Les Recommandations

Les enjeux politiques, économiques et sociaux ont conduit la communauté internationale à corriger son mode organisationnel. Plusieurs organisations régionales et sous régionales ont été créés dans le but d'assurer une efficacité des actions et politiques de développement. Ces modes d'organisation ont permis d'impulser une nouvelle dynamique dans les actions et les relations entre les Etats. Ceux-ci se réunissent soit en communauté économique et monétaire ou encore en organisation régionale et sous régionale avec la mise en commun d'une grande partie des mécanismes qui les gouvernent.

Ainsi, pour notre d'étude, dans un souci d'efficacité et de fiabilité, nous recommandons au Gouvernement du Tchad dans son ensemble et plus particulièrement à l'institution en charge des questions environnementales de faire un plaidoyer, en vue d'entamer le processus d'harmonisation du cadre légal des Etudes d'Impact Environnemental et Social, auprès de ses collègues de la sous-région Afrique Centrale plus particulièrement de la zone CEMAC. Ce mécanisme permettra, à court terme, de corriger les insuffisances des uns et des autres pour une application efficace de cet outil dans la préservation de l'environnement de la sous-région. Cela permettra au Tchad de bénéficier de l'expérience des autres Etats de la sous-région, qui sont les mieux outillés et les mieux expérimentés dans ce domaine, à travers des échanges.

De surcroit, il est indispensable d'intégrer et d'assurer le maintien dans les programmes de formation scolaire, l'éducation environnementale. "L'objectif fondamental de l'éducation relative à l'environnement est d'amener les individus et les collectivités à saisir la complexité de l'environnement, tant naturel que créé par l'homme – complexité qui tient à l'interaction de ses aspects biologiques, physiques, sociaux, économiques et culturels – ainsi qu'à acquérir les connaissances, les valeurs, les comportements et les compétences pratiques nécessaires pour participer de façon responsable et efficace à la prévention et à la solution des problèmes de l'environnement et à la gestion de la qualité de l'environnement" (Déclaration de Tbilissi, 1977). Cette matière permettra à ces derniers de grandir avec des connaissances bien définie sur le rôle et l'importance qu'occupe l'environnement dans l'existence humaine car « *l'homme développe trois sphères qui interagissent. Celle de soi (où se construit l'identité), celle des relations avec les autres et celle du milieu de vie, où la relation au monde s'enrichit de l'apprentissage de ce qui n'est pas humain* » (Meirieu, 2013).

L'éducation environnementale apparait très importante pour le sujet de notre reflexion car « *elle concerne la relation des personnes et des groupes sociaux à leur milieu de vie proche comme l'environnement global. Elle est essentielle au développement de sociétés responsables. Elle permet la production et la diffusion de savoirs critiques. Elle favorise le développement de compétences éthiques et stratégiques. Elle stimule, oriente et soutient l'action environnementale, comme elle se nourrit également de cette dernière, pour favoriser la résolution des problèmes contemporains et la construction d'un monde harmonieux* » (SAUVE, 1996)

En somme, l'analyse du cadre institutionnel et normatif des EIES au Tchad nous a démontré qu'un certain nombre d'inconvénients font abstraction à sa mise en œuvre parfaite. Ainsi, la prise en compte de ces différentes propositions permettra d'améliorer sa mise en œuvre afin d'éviter d'éventuelles contestations. Toutefois, elle dependra de la volonté politique des gouvernants car, sans cette dernière, toute action est vouée à l'échec.

CONCLUSION

Les études d'impact environnemental et social (EIES) sont des mécanismes qui, avant toutes les planifications, circonscrivent et déterminent les préjudices éventuels de répercussion sur l'environnement qui peuvent découler d'un projet de développement envisagé. Elle est donc une démarche dynamique permettant de prévenir mais aussi de gérer les effets néfastes à l'environnement des activités humaines. Elle a été introduite peu à peu dans les législations nationales des Etats dont le Tchad suite aux différentes rencontres pour la sauvegarde de l'environnement.

Toutefois, le cadre institutionnel et normatif des études d'impact environnemental et social au Tchad présent des difficultés liées à un manque de prise en compte du volet social (compensation ou de réinstallation), à la non considération des PGES, à une faiblesse des dispositions de répression et à un manque de définition des profils des professionnels (capacités humaines et techniques des bureaux d'études). S'ajoutent ces difficultés les conflits de compétence, l'insuffisance de personnels qualifiés en EIES et le manque de suivi des rapports d'EIES.

Des situations favorables à son amélioration et son acceptation existent qu'il appartient aux autorités nationales de les saisir afin de les intégrer dans les normes et institutions nationales. Il s'agit des institutions étatiques qui doivent mettre des moyens conséquents à la disposition de leurs institutions en charge des questions environnementales afin qu'elles puissent se doter des mécanismes efficaces, des ressources humaines compétentes et des instrument juridiques appropriés pouvant leur permettre d'œuvrer pour que les enjeux environnementaux soient pris en compte et préservés lors de l'élaboration et la mise en œuvre des programmes et politique de développement. C'est la vision de la société internationale qui vise à une prise de conscience sur le devoir de responsabilité commune pour exploitation rationnelle et durable de l'environnement.

Par ailleurs, les Organisations de la Société civile tchadienne, œuvrant dans le domaine de la défense de l'environnement, doivent pleinement leur rôle de contre poids. Cela passera nécessairement par une recherche d'autonomie financière qui est le seul gage d'indépendance vis-à-vis des pouvoirs publique car l'existence de ressources propres suffisantes est un élément indispensable pour le fonctionnement d'une institution. Cela leur permettra de mener des activités de sensibilisation, de jouer pleinement son rôle d'avocat pour la représentation des intérêts de ses membres et de surveillant de l'activité gouvernementale. Pour cela, elles doivent se doter d'un personnel qualifié et compétent permanent. Il faut aussi souligner que les professionnels dans le domaine des EIES doivent s'impliquer dans le renforcement des capacités de leurs personnels pour une meilleure rentabilité dans la réalisation de leur tâche et aussi de produire des documents de qualité.

Cependant, la volonté de la communauté internationale qui est de faire de l'étude d'impact environnemental comme la preuve évidente que l'homme n'est pas seulement préoccupé par l'actuel et ne se soucie pas seulement de la satisfaction de ses besoins immédiats mais, qu'il est aussi tourné vers le futur et se soucie, un tant soit peu, des besoins des générations futures, il faut que la volonté politique de l'exécutif prédomine.

De tout ce qui précède, eu égard à toutes les situations précédentes où plusieurs initiatives ont été vouées à l'échec, peut-on parler d'amélioration du cadre institutionnel et normatif des Etudes d'Impact Environnemental et Social des politiques et projets de développement lorsque l'investissement de la Communauté Internationale n'est pas total pour des raisons d'intérêts économique ? Réussiront-elles lorsque ne sont pas accompagnées par la volonté politique au niveau national ?

Ces questions nous amènent à réfléchir sur la légitimité et l'intérêt de la transposition des institutions et des normes, qui sont les plus souvent héritées des anciens colonisateurs, dans les habitudes locales. Ces instruments se heurtent, le plus souvent, à des difficultés car elles sont transposées sans tenir compte des habitudes, cultures et mœurs locales qui ne favorisent pas leur encrage.

REFERENCE BIBLIOGRAPHIQUES

ADAIR P. et BERGUIGA I. (2010), « les facteurs déterminants de la performance sociale et de la performance financière des institutions de microfinance dans la région Mena : une analyse en coupe instantanée », *Région et Développement*, n° 32.

ANDRE P., DELISLE C. E. et REVERET J. P. (2003), *l'évaluation des impacts sur l'environnement : Processus, Acteurs et Pratiques pour un développement durables,* Presse Internationale Polytechnique, 2ᵉ édition.

BEASSEMDA L. (2011), « Mécanisme de suivi du plan de gestion de l'environnement du projet pétrole Tchad : Enjeux globaux et défis après 8 ans de mise en œuvre », *Groupe de Recherches Alternatives et de Monitoring du Projet Pétrole Tchad Cameroun (Tchad).*

BENABIDES P. (2011), « plan de gestion environnementale et sociale, obligations et performance pour un développement durable », *Centre universitaire de formation en environnement, Université de Sherbrooke,* Québec, Canada, avril.

BITONDO D., POST R. et VAN BOGEN J. (2013), *Evolution des systèmes d'étude d'impact sur l'environnement en Afrique centrale : Rôle des associations nationales de professionnels,* Digit-Print 1ᵉʳᵉ édition, 101p.

CARACAL ENERGY INC. (CEI), (2012), Projet de développement du Bloc Pétrolier DOSEO-BOROGOP, étude d'impact environnemental et social, 7-11pp.

CENTRE D'EXPERTISE ET DE FORMATION (CEF), (2013), projet d'aménagement d'un périmètre agricole de 10 000 hectares à Djermaya, étude d'impact environnemental et social, 19-32pp.

CENTRE DE FORMATION ET DE DEVELOPPEMENT (CEFOD). (2010), *Recueil des textes relatif à l'environnement au Tchad,* Collection « LE DROIT PAR LES TEXTES ».

CHINA NATIONAL PETROLEUM COORPORATION INTERNATIONAL CHAD (CNPCIC), (2013), projet de construction d'une usine d'incinération des boues huileuses dans les champs pétrolifères de Rônier, étude d'impact environnemental et social, 1-11pp.

COUNTERPART INTERNATIONAL, (2010), « Promouvoir la Démocratie et Encourager la Participation Politique : Le Rôle de la Société Civile au Tchad », *Rapport d'Evaluation de la Société Civile,* pp 38-47.

D'ALMEIDA K. **(**2001), *Cadre institutionnel législatif et réglementaire de l'évaluation environnementale dans les pays francophones d'Afrique et de l'Océan Indien: Les indicateurs de fonctionnalité, les écarts fondamentaux et les besoins prioritaires.* Essai de typologie, Collection Évaluations Environnementales – Volume 1. 6, 33-37pp.

Dir GUAY J-H. (2014), « SOCIÉTÉ CIVILE, Brève définition faculté des lettres et sciences humaines », *université de SHERBROOKE*

EL-HOSSENY F. **(**2010), « L'accès de la société civile à la justice internationale économique », *Université de Montréal – LLM.*

FONDS AFRICAIN DE DÉVELOPPEMENT, (2008), Résumé de l'étude d'impact environnemental et social du tronçon routier Doba – Sarh, Département de l'infrastructure région centre et ouest, 2p.

FONKOUA E. J. **(**2006), *Les études d'impact environnemental dans les projets de développement au Cameroun.* Mémoire de Master, Université de Limoges. 2. 37-39 p.

FOTSO C. K. F. V. **(**2009), *Etude d'impact environnemental en droit français et camerounais. Mémoire de* Master en Droit International Comparé de l'Environnement (DICE), Université de Limoges.

GAETAN A. L. et MICHEL R. (2000), *l'évaluation des impacts environnementaux : Un outil d'aide à la décision,* EDITIONS MULTI MONDES.15, 18, 27, 61-88, 96, 102 pp.

haiticulture.ch, (2001), « Etude d'Impact sur l'Environnement : le cas de la banque Mondiale ».

JABBOURIY. **(**2012), « L'étude d'impact sur l'environnement et sa mise en place au Maroc », *slide share.* 22-24pp.

JAWORSKI V. (2009), *l'état du droit pénal de l'environnement français : entre forces et faiblesses,* les Cahiers de droit, Volume 50, numéro 3-4, septembre-décembre, 889-917 pp

KOMBO M. A. (2007), *Le principe de prévention et l'étude d'impact sur l'environnement dans le projet d'exploitation minière en R.D. Congo.* Mémoire de Master, Université de Limoges-. 22p.

LANMAFANKPOTIN G., PIERRE A., SAMOURA K., COTE L. et Al. (2013), « La participation publique dans l'évaluation environnementale en Afrique francophone », *Institut de la Francophonie pour le développement durable (IFDD)* ,101-121pp.

MEZEMZE M. R. (2008), *L'étude d'impact en Droit International de l'Environnement : sa mise en œuvre dans les projets de développement au Gabon*. Mémoire de Master, Université de Limoges.

MINE ARNAUD INC. (2012), Projet minier Arnaud – Étude d'impact sur l'environnement. Volume 1 – (Rapport principal). 4-13pp.

MINISTERE DE L'ECONOMIE, DU PLAN ET DE LA COOPERATION INTERNATIONALE (TCHAD), (2013), Plan national de développement 2013-2015, 63-64pp.

MINISTERE DE L'ENVIRONNEMENT ET DES RESSOURCES HALIEUTIQUES (TCHAD), (2013), rapport annuel d'activité, Direction des Evaluations Environnementales et de la Lutte Contre les Pollutions et les Nuisances.

MINISTERE DES INFRASTRUCTURES (TCHAD), (2007), Route Ndjamena - Moundou – Touboro : Étude d'Impact Environnemental et Social (EIES). Rapport provisoire 3. 20-27pp.

MOUMBEN J. B. (2013), *Analyse comparée des procédures d'études d'impact environnemental dans trois pays de la CEEAC (Cameroun, Tchad et RCA) et perspective d'harmonisation*. Mémoire de Master Université Senghor, Alexandrie.

PETRY M. et NAYGOTIMTI B. (2005), *Le pétrole du Tchad - Rêve ou cauchemar pour les populations?* Karthala.191- 230 pp.

PRIEUR M. (1994), *Evaluation des Impacts sur l'environnement pour un développement rural durable : étude juridique*. Service Droit et Développement FAO, Bureau juridique, Rome

PROGRAMME DES NATIONS UNIES POUR L'ENVIRONNEMENT (PNUE), (2002), *Manuel de Formation sur l'Etude d'Impact Environnemental*, 2e éd. 28-30pp.

RAUFFLET E. (2014), « De l'acceptabilité sociale au développement local résilient », *VertigO - la revue électronique en sciences de l'environnement* [En ligne], Volume 14 Numéro 2.

REPUBLIQUE DU TCHAD, *Constitution de la République du Tchad*, juillet 2005.

REPUBLIQUE DU TCHAD, Ministère de l'Environnement et des Ressources Halieutiques, *Arrêté n°039/PR/PM/MERH/DGE/DEELCPN/2012 portant guide général de réalisation d'une étude d'impact sur l'environnement*, novembre 2012.

REPUBLIQUE DU TCHAD, Ministère de l'Environnement et des Ressources Halieutiques, *Arrêté n° 041/PR/PM/MERH/SG/CACETALDE/2013, portant réglementation des Consultations Publiques en matière d'Etudes d'Impact sur l'Environnement,* juillet 2013.

REPUBLIQUE DU TCHAD, Présidence de la République, *Loi n° 016/PR/99 portant Code de l'Eau,* août 1999.

REPUBLIQUE DU TCHAD, Présidence de la République, *Décret n° 03/PR/PM/2014 portant structure générale du Gouvernement et attributions de se membres,* janvier 2014.

REPUBLIQUE DU TCHAD, Présidence de la République, *Décret n° 298/MTE/DG/97 portant création du Comité Technique National de Suivi et de Contrôle de l'Exécution des Plan de Gestion de l'Environnement des Projets Pétroliers,* juillet 1997.

REPUBLIQUE DU TCHAD, Présidence de la République, *Décret n° 630/PR/PM/MEERH/2010 portant règlementation des études d'impact sur l'environnement,* août 2010.

REPUBLIQUE DU TCHAD, Présidence de la République, *Décret n° 904/PR/PM/MERH/2009 portant réglementation des pollutions et des nuisances à l'environnement,* août 2009.

REPUBLIQUE DU TCHAD, Présidence de la République, *Loi 11/PR/95 portant Code Minier,* Juin 1995.

REPUBLIQUE DU TCHAD, Présidence de la République, *Loi n° 006/PR/2007 relative aux hydrocarbures,* mai 2007.

REPUBLIQUE DU TCHAD, Présidence de la République, *Loi n° 009/PR/2008 portant adoption du Plan National d'intervention en cas de Déversement Accidentels d'Hydrocarbures,* Juin 2006.

REPUBLIQUE DU TCHAD, Présidence de la République, *Loi n° 14/PR/95 relative à la protection de végétaux,* Juillet 1995.

REPUBLIQUE DU TCHAD, Présidence de la République, *Loi n°14/PR/2008 portant régime des forets, de la faune et des ressources halieutiques,* juin 2008.

REPUBLIQUE DU TCHAD, Présidence de la République, *Loi n°14/PR/98 définissant les principes généraux de la protection de l'environnement,* août 1998.

RONY F. J. (2012*), Contribution à l'élaboration d'une méthodologie de participation publique à l'étude d'impact environnementale des projets d'aménagement et industriels. Le cas du parc de Caracol en Haïti.* Institut Latino-américain des sciences du Pérou, p 45

SAUVE L. (1997), *Pour une éducation relative à l'environnement, Le Défi Educatif collection*, Montréal, Guérin (Canada). 2e édition.

SAWADOGO T. I. (2004), *Le management de la qualité : une nécessité pour les entreprises burkinabé.* Mémoire de Master, Université Libre du Burkina (ULB).74-78pp.

SOUMAILA L. (2002), *Contribution à l'audit environnemental et social du projet participatif et décentralisé de sécurité alimentaire dans les communes rurales de BirninLallé et Ajekoria (Dakoro/Maradi/République du Niger).* Mémoire de Master, Ecole Nationale des Eaux et Forêts.

TOGOLA A. et GERBER D. (2007), « une évaluation du rôle de la société civile dans la Gouvernance au mali », *Open Society Institute, Africa Gouvernance Monitoring and Advocacy Project.* 1-10pp.

TSAYEM D. M. (2009), *Les conventions internationales sur l'environnement : état des ratifications et des engagements des pays développés et des pays en développement.* L'information géographique, 73 (3).84-99 pp.

UNION EUROPEENNE – TCHAD. (2014), « Feuille de route de l'union européenne et des partenaires pour l'engagement avec la société civile », *Extrait : Les priorités d'action*, 1-8pp

UNITED HYDROCARBON CHAD Limited (UHCL), (2013), projet pétrolier des blocs DOC et DOD, étude d'impact environnemental et social, 14-20pp.

YONI E. (2009), *Routes et développement durable, rôle des études d'impact sur l'environnement. Cas du programme sectoriel des transports PST- 2 du Burkina Faso,* Mémoire de Master, Université Senghor, Alexandrie.

YOUANDEU D. E.M. (2011), *Projet structurant et impacts environnementaux et sociaux. Cas du projet d'énergie de Kribi/Centrale à gaz de 216MW et ligne de transport de 225kv.* Mémoire de Master, Université de Yaoundé II, 39-40 pp.

SITES :

http://www.linternaute.com/dictionnaire/fr/definition/cadre-institutionnel/, septembre 2014

http://www.maine-et-loire.gouv.fr/la-definition-du-developpement-r179.html, août 2014

http://www.legifrance.gouv.fr/, Code de l'environnement, septembre 2014.

http://vertigo.revues.org/8505, novembre 2014.

http://vertigo.revues.org/8542, novembre 2014.

http://vertigo.revues.org/8580, octobre 2014

http://www.haiticulture.ch/Env_Droit_Introduction.html, décembre 2014

ANNEXES

ANNEXE 1 : Structure générale du Gouvernement d'après le Décret n° 03/PR/PM/2014

Premier Ministre Chef Du Gouvernement ;

Ministère des Affaires Etrangères et de l'Intégration Africaine ;

Ministère de l'Intérieur et de la Sécurité Publique ;

Ministère des Finances et du Budget ;

Ministère de la Défense Nationale, des Anciens Combattants et Victimes de Guerre ;

Ministère des Postes et Nouvelles Technologies de l'Information ;

Ministère des Infrastructures et des Transports ;

Ministère de la Justice ;

Ministère de l'Economie, du Plan et de la Coopération Internationale ;

Ministère de la Santé Publique ;

Ministère de l'Agriculture et de l'Irrigation ;

Ministère du Développement Pastoral et des Productions Animales ;

Ministère de la Communication ;

Ministère de l'Energie et du Pétrole ;

Ministère de l'Environnement et des Ressources Halieutiques ;

Ministère de l'Urbanisme, de l'habitat, des Affaires Foncières et des Domaines ;

Ministère de l'Assainissement Public et de la Promotion de la Bonne Gouvernance ;

Ministère de l'Enseignement Supérieur et de la Recherche Scientifique ;

Ministère du Commerce et de l'Industrie ;

Ministère de l'enseignement Fondamental et de l'Alphabétisation ;

Ministère de l'enseignement Secondaire et des Formations Professionnelles ;

Ministère de la Culture, des Arts et de la Conservation du Patrimoine ;

Ministère de l'Aménagement du Territoire, de la Décentralisation et des Libertés Locales ;

Ministère de la Jeunesse et des Sports ;

Ministère de la Fonction Publique, Du Travail et de l'Emploi ;

Ministère des Microcrédits pour la Promotion de la Femme et de la Jeunesse ;

Ministère de l'Hydraulique Rurale et Urbaine ;

Ministère des Mines et de la Géologie ;

Ministère de L'aviation Civile et de la Météorologie Nationale ;

I

Ministère des Droits de L'homme et de la Promotion des Libertés Fondamentales ;

Ministère du Tourisme et de la Promotion de L'artisanat ;

Secrétariat General du Gouvernement.

ANNEXE 2 : le processus des EIES au tchad selon le Décret n° 630/PR/PM/MEERH/2010 portant règlementation des études d'impact sur l'environnement.

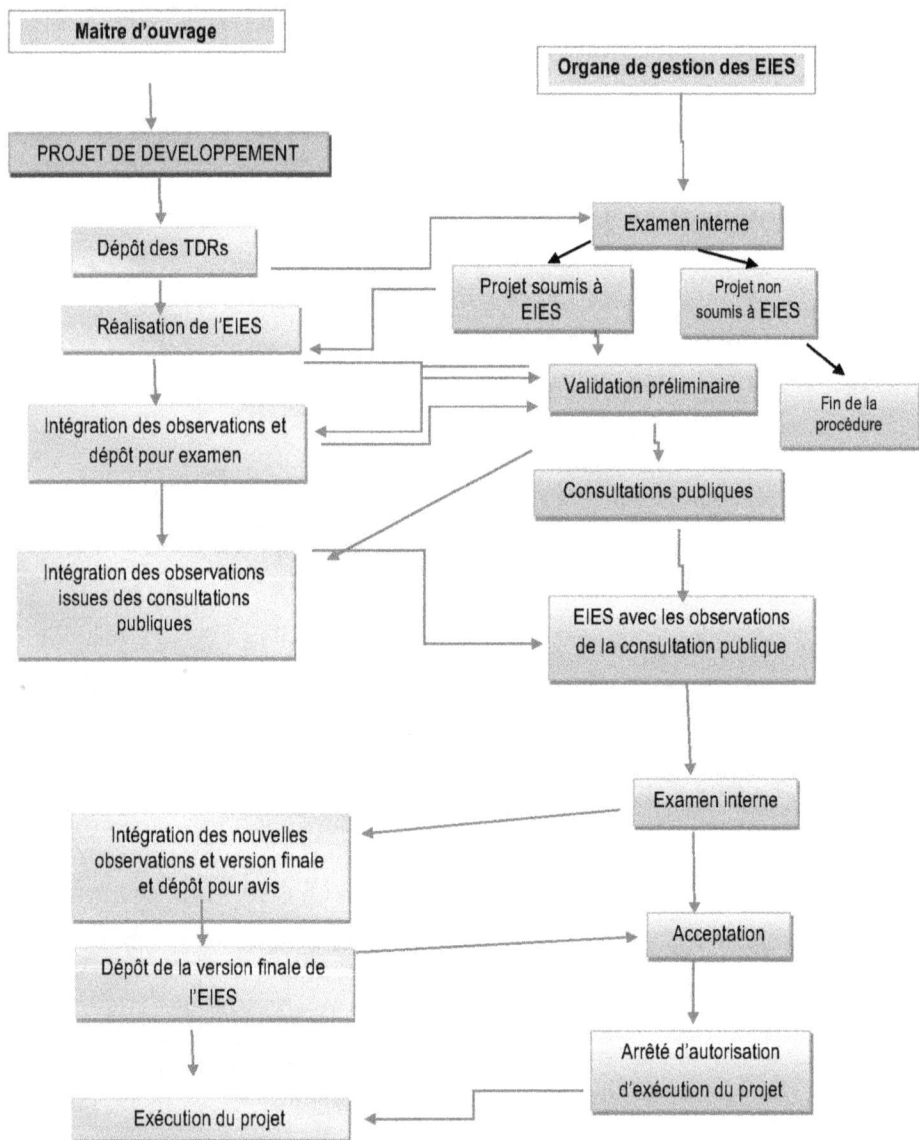